Kaffee

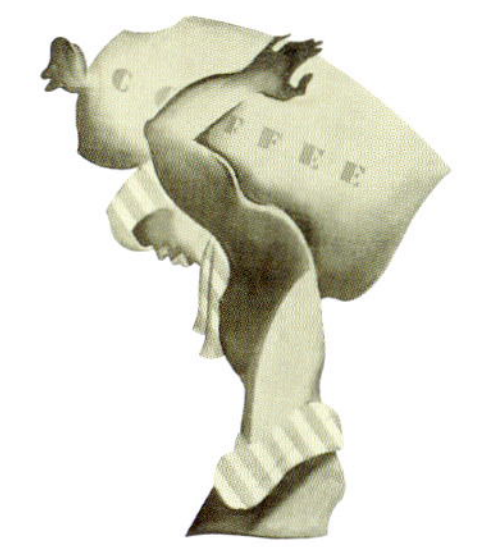

Kaffee

Das Handbuch für Genießer

Jon Thorn

EVERGREEN is an imprint of
Benedikt Taschen Verlag GmbH

Hohenzollernring 53, D–50672 Köln

Übersetzung aus dem Englischen
(für Agents-Producers-Editors):
Karin Hirschmann, Gütersloh
Redaktion und Satz der deutschen Ausgabe:
Agents-Producers-Editors, Overath
Umschlaggestaltung: Angelika Taschen, Köln

Printed in China
ISBN 3-8228-7124-9

INHALT

TEIL I

DIE WELT DES KAFFEES

TEIL II

DAS KAFFEE-VERZEICHNIS

Kaffee ist das Gold des kleinen Mannes, und wie Gold beschert er jedem ein Gefühl von Luxus und edler Gesinnung.
ABD AL-KADIR
(ARABISCHER SCHRIFTSTELLER, 1587)

Hast du Sorgen oder Ärger, dann geh' ins Kaffeehaus.
PETER ALTENBERG
(ÖSTERREICHISCHER SCHRIFTSTELLER, 1922)

Selbstzufriedenheit im Morgenrock, zu später Stunde bei Kaffee und Orangen in einem sonnigen Sessel, und die grüne Freiheit eines Kakadus auf einem Teppich vermischen sich und vertreiben die heilige Stille alter Opfer.
»Sunday Morning«
von WALLACE STEVENS (1923)

Ich habe mein Leben mit Kaffeelöffeln abgemessen.
aus »The Love Song of J. Alfred Prufrock«
von T. S. ELLIOT (1917)

Kaffeehaus in Konstantinopel

Kaffeesämlinge in einer Plantage, Brasilien

Die Welt des Kaffees

Legenden und Fakten

Die Kaffeepflanze ist zwar ursprünglich in Äthiopien und am östlichsten Kap Afrikas, dem Guardaf'ui-Kap (Somaliland) beheimatet, wo sie auch heute noch wild wächst, aber ihre Verbreitung und Vermehrung begann im heutigen Jemen, dem früheren Arabien. In jener Zeit gehörte der Jemen mit der Hafenstadt Mocha (Mokka) als Zentrum zu den geschäftigsten Handelsplätzen der Welt.

Einigen Quellen zufolge begann der Kaffeeanbau im Jemen im Jahr 575. Im 15. Jahrhundert war er bereits hoch entwickelt und begann seinen Siegeszug um die Welt. Allerdings wußten die Araber den Kaffee ebenso eifersüchtig zu hüten wie die Chinesen ihren Tee. Kaffeebohnen sind die Samen der Kaffeepflanze. Sobald das Fruchtfleisch, die Pergamenthülle und das Silberhäutchen entfernt sind, können die Samen nicht mehr keimen. Und nur in diesem Zustand durften sie damals aus Arabien ausgeführt werden.

Der Weg des Kaffees aus Arabien entspricht in etwa der Route, die der Kaffee der Legende nach nahm, als er erstmalig nach Arabien kam. Eine Geschichte beschreibt den Transport schwarzer sudanesischer Sklaven durch Äthiopien nach Arabien. Die Sklaven hatten als Wegzehrung Kaffeevorräte bei sich: rote, kirschenähnliche Beeren. So gelangten die Kaffeekirschen nach Arabien.

Pilger, die in die Heilige Stadt des Islams, nach Mekka, reisten, hatten unvermeidlich auch einige Kaffeebohnen im Gepäck. Einer Legende zufolge exportierten die Araber bereits 1505 Kaffee nach Sri Lanka, und nach einer indischen Überlieferung war es ein gewisser Baba Budan, der irgendwann im 17. Jahrhundert mit einer Handvoll keimfähiger Kaffeebohnen von einer Pilgerreise aus Mekka in seine südwestindische Heimatstadt zurückkehrte und somit den Kaffeeanbau im Osten begründete.

Anfang des 17. Jahrhunderts wetteiferten deutsche, französische, italienische und holländische Händler miteinander um die Einführung von Kaffee in ihren Kolonien in Übersee. Aus diesem Wettstreit gingen 1616 die Holländer siegreich hervor, als es ihnen gelang, eine Kaffeepflanze über Mocha in die Niederlande zu schmuggeln. So begann 1658 der Kaffeeanbau in Sri Lanka.

Im Jahr 1670 versuchten einige optimistische Franzosen, die irgendwie in den Besitz mehrerer Kaffeepflanzen gelangt waren, unweit von Dijon eine Kaffeeplantage zu errichten. Man wird wohl nie erfahren, warum diese Schar von Optimisten glaubte, daß die Pflanzen aus dem warmen Arabien mitten in Frankreich unter freiem Himmel wachsen und gedeihen könnten.

Eine Schlüsselfigur in der Geschichte des Kaffees ist Nicolaas Witson, der Bürgermeister von Amsterdam. 1696 drängte er den Gouverneur von Malabar, Kaffee auf Java, einer damals holländischen Kolonie, anzubauen. Und so kam es, daß auf der Kedawoeng-Plantage in Batavia bald Sämlinge heranwuchsen. Unglücklicherweise wurden die Pflänzchen bei einer Überschwemmung fortgespült, doch 1699 gelang es Henricus Zwaaydecroon, per Schiff Kaffeepflanzen von Malabar nach Java zu bringen und erfolgreich großzuziehen.

Im Jahr 1706 wurden erste Proben von javanischem Kaffee sowie eine Kaffeepflanze nach Amsterdam verschifft, wo die Pflanze im botanischen Garten sorgsam gepflegt wurde. Mittlerweile hatten die Holländer ihren Kaffeeanbau auf Sumatra und Celebes im Malaiischen Archipel ausgeweitet, so daß Indonesien zum bedeutendsten Kaffee-Exporteur der Welt avancierte. Heute rangiert das Land als Erzeuger und Exporteur von Kaffee weltweit an vierter Stelle.

Alle Versuche, Kaffeepflanzen von den Niederlanden nach Frankreich zu transportieren, schlugen fehl, bis 1714 ein 1,5 m hoher Baum von Amsterdam aus an Ludwig XIV. geschickt wurde. Er fand seinen Platz im Pariser Jardin des Plantes und war nachweislich die Stammpflanze der ersten Kaffeepflanzen in den französischen Kolonien, in Süd- und Mittelamerika und in der Karibik. So erreichten die ersten Kaffeepflanzen die Insel Réunion im Jahr 1715.

Äthiopisches Kaffeegeschirr

GABRIEL MATHIEU DE CLIEU

Von den Geschichten, die sich um den Kaffee ranken, ist die des französischen Capitain Gabriel Mathieu de Clieu auf Martinique besonders spektakulär: Als der junge Offizier 1720 oder 1723 auf Heimaturlaub in Paris war, besorgte er sich einige Kaffeepflanzen und war fest entschlossen, eine davon nach Martinique zu bringen. Als er schließlich in Nantes die Segel setzte, hatte er an Bord die berühmteste und bestbehütete Pflanze aller Zeiten. Sie wurde an Deck unter Glas gehalten, um sie vor Gischt und Kälte zu schützen.

Die Tagebuchaufzeichnungen von Gabriel Mathieu de Clieu berichten von einem Feind an Bord, der die Pflanze vernichten wollte und dem es sogar gelang, einen Zweig abzubrechen. Gegen Ende der Reise geriet das Schiff in eine Flaute, und die Wasservorräte wurden knapp. Selbstlos teilte de Clieu seine spärliche Ration mit der kostbaren Fracht.

Gabriel Mathieu de Clieu versorgt die erste Kaffeepflanze auf der Überfahrt nach Martinique.

Unversehrt erreichte er schließlich Martinique und pflanzte das Kaffeebäumchen in Prechear ein, wo es, umgeben von Dornbüschen und rund um die Uhr von Sklaven bewacht, heranwuchs und prächtig gedieh. 1726 wurden die ersten Kaffeebohnen geerntet. Berichten zufolge soll es 1777 bereits knapp 19 Millionen Kaffeepflanzen auf Martinique gegeben haben, von wo aus dann Setzlinge nach Haiti, Santo Domingo und Guadeloupe verschifft wurden.

De Clieu konnte diesen Triumph nicht mehr erleben. Er starb am 30. November 1774 im Alter von 88 Jahren als hochgeachteter und wohlhabender Mann in Paris. Heute erinnert ein 1918 errichtetes Denkmal im botanischen Garten des Fort de France auf Martinique an ihn.

GEN OSTEN UND GEN WESTEN

Erst 1718, als die Holländer Kaffeepflanzen nach Surinam (ehemals Niederländisch-Guayana), an die Nordostküste von Südamerika, brachten, erreichte der Kaffee das Gebiet, das schon bald zum Kaffeezentrum werden sollte. Im Jahr 1727 wurde im brasilianischen Para die erste Plantage mit Kaffeepflanzen aus Französisch-Guayana errichtet. Später folgte eine andere Sorte aus Goa, die rund um Rio de Janeiro angebaut wurde. Mit der Einführung von Kaffee nach Jamaika durch die Briten begann 1730 die lange und faszinierende Geschichte der berühmten jamaikanischen Kaffeesorte Blue Mountain. Zwischen 1750 und 1760 wurde Kaffee dann auch erstmals in Guatemala kultiviert. 1779 brachte Don Francisco Xavier Navarro Kaffeepflanzen von Kuba nach Costa Rica, und 1790 begann der Kaffeeanbau auch in Mexiko. Im Jahr 1825 gelangten Samen aus einer Plantage unweit von Rio de Janeiro schließlich nach Hawaii, wo heute der einzige US-amerikanische Kaffee angebaut wird.

Im Jahr 1878 kehrt die Geschichte beinahe wieder an ihren Ausgangspunkt zurück: Britische Siedler führten Kaffeepflanzen nach Britisch-Ostafrika (Kenia und die ehemaligen Kolonien Tanganjika und Uganda) ein und legten damit den Grundstein der kenianischen Kaffeeindustrie; 1901 kamen noch Pflanzen von der Insel Réunion hinzu. Im Jahr 1887 errichteten die Franzosen eine Kaffeeplantage in Tonkin, im heutigen Vietnam, und 1896 wurden Kaffeebäumchen auch im australischen Queensland gepflanzt.

DIE ERSTEN KAFFEEHÄUSER

Die ersten Kaffeetrinker sind namentlich nicht bekannt, aber es gilt als beinahe sicher, daß sie in Äthiopien lebten. Hinweise auf ein als »buncham« bezeichnetes Getränk, das Kaffee sein könnte, finden sich in arabischen wissenschaftlichen Aufzeichnungen aus dem Jahr 900 bis 1000 nach Chr., wenngleich es darin im wesentlichen um die wissenschaftliche Beschäftigung mit den Merkmalen der Kaffeebohne ging.

Außer einer Beschreibung der Vorzüge für »den Magen, die anderen Körperorgane und die Haut« lieferten die Verfasser auch den Hinweis, daß das Getränk »dem ganzen Körper einen ausgezeichneten Geruch verleiht«. Tatsächlich scheint Kaffee die ungewöhnliche Eigenschaft zu besitzen, sein Aroma über die Schweißdrüsen freizusetzen. Zu Zeiten, als regelmäßiges Baden noch nicht üblich war, und in Gegenden, in denen Wasserknappheit herrschte, muß dieser desodorierende Effekt sehr willkommen gewesen sein.

In einer arabischen Überlieferung aus der Zeit um 1250 nach Chr. heißt es, der in der Verbannung lebende Scheich Omar habe wildwachsende Kaffeebeeren entdeckt. Hungrig und des ständigen Rohverzehrs der Beeren überdrüssig, soll der Scheich einige Beeren gekocht und den Aufguß getrunken haben. Das Gebräu war nicht nur eine willkommene Ab-

Türkisches Café in Konstantinopel, Gemälde um 1910

wechslung in seiner eintönigen Ernährung, sondern erwies sich auch als Stärkungsmittel, wenn er es Kranken verabreichte. Triumphierend kehrte der Scheich aus seinem Exil in Mocha zurück – im Gepäck einige der kostbaren Bohnen.

Eine der bekanntesten Legenden handelt von einem Ziegenhirten in Arabien oder Ägypten, der feststellte, daß seine Ziegen nach dem Verzehr der kirschenähnlichen Kaffeebeeren lebhafter und munterer wurden. Er gab seine Beobachtungen an den Abt des Ortes weiter, der daraufhin Experimente mit seinen Mönchen anstellte. Dabei fanden die Ordensbrüder heraus, daß ein Aufguß dieser Beeren ihnen half, während ihrer nächtlichen Gebete wach zu bleiben.

Was den Ursprung des Kaffees betrifft, so haben die Forscher in den letzten 200 Jahren die merkwürdigsten Schlüsse gezogen. Ein Autor ist der Meinung, daß Kaffee schon zu Zeiten Homers existiert haben müsse und auch in Troja getrunken wurde. Angeblich war es jener »Wundertrank«, den Helena von Sparta mit nach Troja brachte. Ein anderer Verfasser geht davon aus, daß König David den Kaffee von Abigail erhielt und daß sowohl Esau als auch Ruth davon tranken.

Der Genuß sowie der Anbau von Kaffee waren im heutigen Jemen mit Sicherheit schon vor 1454 bekannt. In jenem Jahr wurde dort der Kaffeegenuß von der Regierung gebilligt, wohl weil man der Meinung war, daß die belebende Eigenschaft des Kaffees der einschläfernden Wirkung des landesweit angebauten und genutzten Katstrauches vorzuziehen sei.

Die ersten Kaffeehäuser wurden in Mekka unter der Bezeichnung »Kaveh Kanes« eingerichtet, und obwohl sie ursprünglich religiösen Zwecken dienten, entwickelten sie sich rasch zu Stätten der Unterhaltung, wo Schach gespielt, Neuigkeiten ausgetauscht, gesungen, getanzt und musiziert wurde. Es folgten weitere Kaffeehäuser in Aden, Medina und Kairo.

Nach der Eroberung Ägyptens durch Salim I. erreichte der Kaffee 1517 Konstantinopel. Von dort aus fand er schnelle Verbreitung; 1530 hatte sich das Kaffeetrinken in Damaskus und 1532 in Aleppo etabliert. Zwei der bekanntesten Kaffeehäuser in Damaskus waren das »Rosen-Café« und das Kaffeehaus »Weg zum Heil«.

Im Jahr 1554 gründeten zwei Kaufleute das erste Kaffeehaus in Konstantinopel. Schon bald entstanden dort weitere Kaffeehäuser, die schnell für ihre luxuriöse Ausstattung be-

Das Caffè Florian an der Piazza San Marco in Venedig ist das älteste Kaffeehaus Europas.

rühmt wurden, und die Eigentümer wetteiferten um die Gunst der Gäste. Kaffeehäuser entwickelten sich zu Treffpunkten des gesellschaftlichen und beruflichen Lebens und zunehmend auch zu Orten, wo politische Diskussionen geführt wurden und Andersdenkende verkehrten. Mehrere Male wurde der Kaffekonsum untersagt, und Wiederholungstäter wurden sogar einmal in einen Ledersack eingenäht und in den Bosporus geworfen.

Ein Grund, warum sich Kaffeehäuser im Mittleren Osten und in Europa so großer Beliebtheit erfreuten, ist die Tatsache, daß es zuvor nichts Vergleichbares gab. Vor dem Aufkommen von Kaffeehäusern gab es keinen Ort, wo man in fröhlicher Runde ein wohlschmeckendes, noch dazu relativ preiswertes Getränk genießen konnte.

Über venezianische Händler gelangte der Kaffee 1615 schließlich nach Europa, einige Jahre später als der Tee, der erstmals 1610 dort verkauft wurde, und viele Jahre später als der Kakao, den die Spanier bereits 1528 aus der Neuen Welt mitgebracht hatten.

Als der Kaffee zum ersten Mal in Italien auftauchte, wollten einige Kleriker das schwarze Teufelsgetränk verbannen. Papst Clemens VIII. (1592–1605) indes beschloß, sich erst

selbst eine Meinung zu bilden. Die Tasse Kaffee schmeckte ihm so gut, daß er statt dessen verkündete, den »Kaffee zu taufen, damit er ein gottgefälliges Christengetränk werde«.

Da Kaffee anfänglich als Medizin gehandelt wurde, war er entsprechend teuer. Erstehen konnte man das Getränk vor allem bei Limonadenverkäufern. Soweit es sich feststellen läßt, wurde das erste Kaffeehaus – bottega del caffè – 1683 in Venedig eröffnet, eine andere Quelle gibt das Jahr 1645 an. Das Caffè Florian am Markusplatz, eines der bekanntesten und teuersten Kaffeehäuser der Welt, wurde 1720 von Floriano Francesconi eröffnet. Italienische Kaffeehäuser werden noch heute als »Caffè« bezeichnet, während sie im übrigen Europa »Café« heißen.

Schon bald breiteten sich Kaffeehäuser in ganz Italien aus, wenn auch nirgendwo mehr als in Venedig zu finden waren. Georgio Quadri, der erste Kaffeehausbesitzer, der echten türkischen Kaffee anbot, eröffnete sein Café 1775, und schon bald folgten andere nach: Duce di Toscania, Imperatore Imperatrice della Russia, Tamerlano, Fantae di Diana, Dame Venete, Pace und Arabo-Piastrelle.

Das erste Kaffeehaus in England wurde 1650 in Oxford von einem Mann namens Jacob eröffnet. In London öffnete das erste Kaffeehaus 1652 seine Pforten in der St. Michael's Alley, Cornhill, und wurde von Pasqua Rosée, der vermutlich Grieche war, und einem Mr. Bowman betrieben. Es diente vielen späteren Kaffeehäusern als Vorbild. Eines der bekanntesten Häuser war Mol's Coffee House in Exeter, Devon, wo Sir Walter Raleigh seinen Kaffee bei einem Pfeifchen zu trinken pflegte.

Das berühmteste Londoner Kaffeehaus, das bis heute existiert, ist das von Edward Lloyd 1688 ursprünglich in der Tower Street eröffnete

Die Hausmarke im Caffè Florian

Haus, das später in der Lombard Street weitergeführt wurde. Als Service für seine Gäste gab Lloyd das Nachrichtenblatt »Lloyd's List« heraus, das neben anderen Neuigkeiten auch eine Liste der Schiffe enthielt, die seine Kunden versichert hatten. Daraus wurde schließlich die weltweit größte Vereinigung von Einzelversicherern.

Der erste Hinweis auf Kaffee in Nordamerika stammt aus dem Jahr 1668, wo er einer Beschreibung zufolge mit Zucker oder Honig und Zimt getrunken wurde. Kurze Zeit später wurden die ersten Kaffeehäuser in New York, Philadelphia und Boston eröffnet.

Die ersten Kaffeehäuser in Boston waren das London Coffee House und das Gutteridge Coffee House, die beide 1691 ihre Tore öffneten, eines der berühmtesten aber war das Green Dragon, wo 1773 die Bostoner Teeparty geplant wurde. Boston war gleichzeitig Sitz der größten und teuersten Kaffeebörse der Welt, nachdem dort 1808 nach dem Vorbild von Lloyd's in London ein siebenstöckiges Gebäude zu einem Preis von 50 000 Dollar errichtet worden war – zehn Jahre später ging es in Rauch und Flammen auf.

In New York etablierte sich 1683 der Markt für den Rohkaffee, die grünen Kaffeebohnen. William Penn schickte seine Bestellungen von Pennsylvania nach New York. Das erste Kaffeehaus in der City war das 1696 eröffnete King's Arms. Es folgte das Exchange Coffee House in der Broad Street, das 1730 errichtet wurde und sich zu einem bedeutenden Handelszentrum entwickelte. Das Exchange wurde von dem Merchants' Coffee House noch übertroffen, wo dann 1784 die Bank von New York gegründet und 1790 die ersten Wertpapiere verkauft wurden. Das Tontine, an der Wall Street und der Water Street gelegen, diente zehn Jahre als Sitz der New Yorker Börse.

In Philadelphia, der damals drittgrößten Stadt der jungen amerikanischen Nation, wurde im Jahr 1700 das erste Kaffeehaus eröffnet. Es hieß schlicht und ergreifend Ye Coffee House; sein Hauptkonkurrent war das London Coffee House.

Die amerikanischen Kaffeehäuser unterschieden sich insofern von ihren europäischen Pendants, als sie statt Radikale, Republikaner oder auch Literaten eher Konservative anzogen. In Orten, wo städtische Gebäude rar waren, dienten Kaffeehäuser häufig auch als Austragungsort für Gerichtsverhandlungen und Ratssitzungen.

Was ist Kaffee?

Unser »Kaffee« hat seinen Namen nach der lateinischen Bezeichnung für die Pflanzengattung *Coffea* erhalten. Diese Gattung gehört zur Familie der Krappgewächse, der Rubiaceen, die mehr als 500 Gattungen und 6000 Arten umfaßt. Die meisten davon sind tropische Bäume und Sträucher.

Der schwedische Naturforscher Carl von Linné (1707–1778) beschrieb zwar die Gattung, doch über die genaue Klassifizierung sind sich die Botaniker bis heute nicht einig. Wahrscheinlich gibt es mindestens 25 Hauptarten innerhalb der Gattung, die alle im tropischen Afrika und auf einigen Inseln im Indischen Ozean beheimatet sind. Alle *Coffea*-Arten sind Gehölze, angefangen bei kleinen Sträuchern bis hin zu den mehr als zehn Meter hohen Bäumen. Die Farbe der Blätter reicht von gelblich bis purpurn.

Kaffeebaumzweig mit Blüten

Aus den zwei bekanntesten Arten der *Coffea arabica* – Typica und Bourbon – haben sich viele Sorten entwickelt, unter anderem Caturra (die in Brasilien und Kolumbien angebaut wird), Mundo Novo (ebenfalls aus Brasilien), Tico (in Mittelamerika weitverbreitet), San Ramon (eine zwergwüchsige Sorte) und die vielleicht berühmteste, die jamaikanische Blue Mountain. Die Arabica-Pflanze ist ein großer Busch mit dunkelgrünen, ovalen Blättern. Die Früchte sind eiförmig und enthalten in der Regel zwei abgeflachte Samen. Wenn sich nur eine Bohne entwickelt, nimmt sie eine Kugelform an und wird dann als Perlbohne bezeichnet.

Der Begriff »Robusta« ist im Grunde identisch mit der meistangebauten Kaffeeart *Coffea canephora*. Es handelt sich um einen widerstandsfähigen Strauch oder einen zehn Meter hohen Baum, der zu den Flachwurzlern zählt. Die Früchte sind rund und benötigen etwa elf Monate bis zur Reife. Die ova-

Aufgeschlitzte Kaffeekirsche

len Samen sind etwas kleiner als die Arabica-Bohnen. Robusta-Kaffee wird in West- und Zentralafrika, in ganz Südostasien und vereinzelt auch in Brasilien angebaut, wo er Conilon heißt.

Liberica-Kaffeebäume sind starke und mächtige Gewächse, die eine Höhe von bis zu 18 Metern erreichen. Sie haben große, ledrige Blätter und tragen großbohnige Früchte. Liberica-Kaffee wird in Malaysia und Westafrika angebaut, allerdings nur in geringen Mengen, da die Nachfrage nach diesem Kaffee aufgrund seines eigentümlichen Geschmacks eher gering ist.

Arabica-Kaffee macht derzeit 70 Prozent der Welternte aus, doch der Anteil von Robusta-Sorten ist steigend, was größtenteils an den besseren Erträgen dieser Kaffeebäume liegt. Hinzu kommt, daß Arabica-Bäume krankheitsanfälliger sind als die widerstandsfähigen Robusta-Bäume.

Arabica- und Robusta-Bäume tragen drei bis vier Jahre nach der Pflanzung die ersten Früchte, die von da an je nach Wachstumsbedingungen und Pflege 20 bis 30 Jahre geerntet werden können. Nach dieser Zeit müssen die Bäume durch neue Kaffeepflanzen ersetzt werden. Beide Pflanzensorten benötigen für ihr Wachstum reichlich Sonne und Regen. Arabica-Kaffee gedeiht am besten in einem Klima mit jahreszeitlichen Temperaturschwankungen zwischen 15 und 21 °C, während der Robusta tropische Bedingungen mit konstanteren Temperaturen zwischen 24 und 29 °C bevorzugt. Beide Kaffeearten gehen ein, wenn die Temperaturen unter den Gefrierpunkt fallen, und beide benötigen eine Niederschlagsmenge von 1500 mm im Jahr.

Traditionell werden auf den Plantagen Schattenbäume gepflanzt, um die Kaffeepflanzen und die heranreifenden Früchte vor der sengenden Sonne zu schützen. Diese Bäume speichern gleichzeitig auch die Feuchtigkeit im Boden. Die moderne Technik bedient sich eines Bewässerungssystems und des Einsatzes von Düngemitteln, was jedoch Investitionen er-

ELEFANTENBOHNEN

So unterschiedlich die Aromen der diversen Kaffeesorten aus aller Welt auch sein mögen, die Bohnen haben alle mehr oder weniger die gleiche Größe. Es gibt nur eine Ausnahme, und das ist die Elefantenbohne (oder Riesenbohne). Sie ist etwa um ein Drittel größer als gewöhnliche Kaffeebohnen. Offiziell heißt diese Bohne Maragogype, abgeleitet von dem gleichnamigen Städtchen in der nordbrasilianischen Provinz Bahia, wo sie 1870 entdeckt wurde. Es handelt sich um eine Kreuzung aus Arabica- und Liberica-Bohnen. Sie war um 1900 in Frankreich und vor allem in Deutschland sehr beliebt, wo der gesamte Kaffee am Hofe des Kaisers aus Elefantenbohnen zubereitet wurde.

Maragogype wurde einst in allen kaffeeproduzierenden Ländern angebaut, heute beschränkt sich die Kultivierung auf Guatemala, Mexiko, Nicaragua, Honduras, El Salvador, Brasilien und die Republik Kongo. Die besten Elefantenbohnen kommen aus Mexiko und Guatemala; hochwertige Bohnen aus der Republik Kongo werden immer seltener. Die Produktion sinkt weltweit, nachdem sie in den ersten zwei Jahrzehnten dieses Jahrhunderts einen Höhepunkt erreicht hatte.

Viele Leute sind leicht für eine Tasse Kaffee aus mexikanischen oder guatemaltekischen Elefantenbohnen zu begeistern. Dieser Kafffe ist im Geschmack ausgewogen: Er ist nicht bitter, hat eine feine Säure, schmeckt leicht fruchtig und zeichnet sich durch eine sehr angenehme Milde aus.

VON LINKS: Kenianische Perlbohne, MARAGOGYPE (Elefantenbohne) und Kenya AA

Luftaufnahme einer Kaffeeplantage, Kolumbien

fordert, die sich über höhere Erträge und einen Mehrwert amortisieren müssen. Daher kommen sie eigentlich nur für große Kaffeeplantagen in Frage.

Kaffee kann praktisch überall angebaut werden: auf riesigen Plantagen oder auch auf kleinen Lichtungen im Wald. In Brasilien und Guatemala gibt es viele große Plantagen, in denen ausschließlich Kaffee angebaut wird, und vor allem in Brasilien werden zunehmend Erntemaschinen eingesetzt. Die großen Plantagen garantieren zwar hohe Erträge, aber entsprechend hoch sind auch der Arbeitsaufwand und die Kosten. Kleinere Kaffeeproduzenten können trotz niedrigerer Erträge kostengünstiger arbeiten.

Die größten Variablen bei der Kaffeeproduktion sind die Kosten für Arbeitskräfte und Boden. Höhere Arbeitskosten können durch moderne Arbeitsmethoden wettgemacht werden, wozu auch der Einsatz von Düngemitteln, Herbiziden und Pestiziden sowie die Mechanisierung und künstliche Bewässerung gehören.

DIE ERNTE DER KAFFEEBOHNEN

Nach drei bis vier Jahren tragen die Kaffeebäumchen ihre ersten Früchte, die in Reihen oder Trauben an den Zweigen angeordnet sind.

Die Bohnen, die wir kaufen, sind die Samen des Kaffeebaumes. Diese Samen sind eingebettet in kirschenähnliche Früchte, die sich zur Erntezeit rot gefärbt haben. Unter der roten Fruchtumhüllung, dem Exokarp, befindet sich das Fruchtfleisch, das Mesokarp, auf das erst eine schleimhaltige Schicht und dann eine Pergamenthaut, die Hülse der Bohnen, das sogenannte Endokarp, folgt. Darin liegen für gewöhnlich zwei Bohnen mit der flachen Seite gegeneinander und umhüllt von einem Silberhäutchen. Die meisten Arabica-Kaffeekirschen gelangen nach sechs bis acht Monaten zur Reife, während Robusta-Bohnen neun bis elf Monate benötigen.

Die Erntezeiten variieren entsprechend der geographischen Lage. Nördlich vom Äquator, beispielsweise in Äthiopien und in Mittelamerika, findet die Ernte zwischen September und Dezember statt. Südlich vom Äquator, wie in Brasilien und Zimbabwe, erfolgt die Haupternte im April oder Mai, kann sich aber bis zum August hinziehen. In Ländern am Äquator, beispielsweise in Uganda und Kolumbien, können die Kaffeebohnen das ganze Jahr über geerntet wer-

Grüne Kaffeekirschen, Brasilien

Kaffeepflückerinnen im Osten von Java, Indonesien

den, insbesondere wenn die Plantagen in unterschiedlicher Höhe liegen.

Die Ernte kann auf zwei verschiedene Arten erfolgen. Beim sogenannten Abstreifen wird die gesamte Ernte einer Plantage in einem Durchgang von den Zweigen gepflückt. Die andere Methode nennt sich selektive Pflückung oder Lese. Sie erfolgt in mehreren Durchgängen in Abständen von acht bis zehn Tagen und garantiert, daß nur die reifen, tiefroten Früchte geerntet werden. Die selektive Pflückmethode ist allerdings wesentlich kosten- und arbeitsintensiver als das Abstreifen der Früchte und wird deshalb nur bei Arabica-Kaffee angewendet, besonders, wenn die geernteten Bohnen anschließend naß aufbereitet werden sollen (siehe S. 25).

Die Menge der gepflückten Kaffeekirschen ist in erster Linie aber von der Größe der Bäume und von der Lage der Kaffeefarm oder -plantage abhängig. Auf einer mittelgroßen

Farm erntet ein durchschnittlicher Pflücker zwischen 50 und 100 kg Kaffeekirschen täglich. Davon sind jedoch nur etwa 20 Prozent Kaffeebohnen, so daß ein Pflücker letztlich auf etwa 10 bis 20 kg Bohnen kommt. Da Kaffee in Standardsäcken von 45 oder 60 kg verschifft wird, benötigt ein Pflücker drei bis sechs Tage, um einen Sack zu füllen.

Die Erntekosten betragen schätzungsweise etwa die Hälfte aller jährlich anfallenden Kosten einer Kaffeeplantage oder -farm. In Brasilien gibt es Bestrebungen, diese Kosten durch den Einsatz von Pflückmaschinen zu reduzieren. Diese Maschinen fahren zwischen den Bäumen entlang und schütteln die Zweige so lange, bis die reifen Beeren in einen Trichter fallen. Erntemaschinen sind allerdings nur für weichen, problemlosen Untergrund geeignet und bedürfen einer gewissen Vorausplanung, das heißt, die Kaffeebäume müssen in Reihen gepflanzt werden. Hinzu kommt, daß mechanisch gepflückte Kaffeekirschen anschließend durchgesiebt werden müssen, um versehentlich in den Trichter gelangte Blätter und Zweige auszusortieren.

Daher wird Kaffee auch heute noch größtenteils von Hand geerntet. Zur kräftezehrenden Saisonarbeit gehört auch, daß die Pflücker keine unreifen, kranken oder überreifen Kirschen ernten, da solche Exemplare die Qualität der übrigen Ernte beeinträchtigen. Diese »Grasbohnen«, »Frostbohnen« oder »Ölbohnen« – sehr treffend auch »Stinker« genannt, können ganze Partien Kaffee verderben.

Korb mit reifen Kaffeekirschen im Osten von Java

DIE AUFBEREITUNG DER BOHNEN

Es gibt zwei Methoden, die Kaffeebohnen für die Röstung vorzubereiten, die einen Einfluß auf Qualität und Preis haben. Das preiswerteste Verfahren ist die »trockene« Aufbereitung, die für Bohnen von minderer Qualität verwendet wird, während die qualitativ besseren Bohnen »naß« aufbereitet werden.

Die trockene oder ostindische Aufbereitung ergibt den ungewaschenen Kaffee, die nasse oder westindische Aufbereitung den gewaschenen Kaffee. Arabica-Kaffee wird größtenteils nach der nassen Methode aufbereitet, mit Ausnahme der Bohnen aus Brasilien und Äthiopien, wo die trockene Aufbereitung verbreiteter ist.

DIE TROCKENE AUFBEREITUNG

Beim Trockenverfahren werden die geernteten Kaffeekirschen möglichst in der Sonne auf Beton- oder Steinböden oder auch auf Matten ausgebreitet und in regelmäßigen Abständen durchgeharkt, um eine Gärung oder Fermentation zu verhindern. Bei Regen oder fallenden Temperaturen müssen die Kirschen mit Planen abgedeckt werden.

Nach etwa vier Wochen ist der Feuchtigkeitsgehalt der Kirschen auf etwa zwölf Prozent abgesunken, und die äußere

Zum Trocknen ausgebreitete Kaffeekirschen, São Paulo

Schale ist zu diesem Zeitpunkt bereits dunkelbraun und brüchig, so daß man beim Schütteln die Samenkerne in ihrer Hülle rappeln hört.

Dieses Verfahren erfordert Geschick, denn es kann passieren, daß die Bohnen zu sehr austrocknen. In dem Fall ist das Risiko, daß sie beim Enthülsen beschädigt werden, ungleich größer. Nicht ausreichend getrocknete Bohnen dagegen werden schnell von Pilzen befallen. Die ausgedörrten Kirschen lagern anschließend noch eine Zeitlang in Silos, damit die grünen Kaffeebohnen noch mehr Feuchtigkeit verlieren.

Alter Pulper, der das Fruchtfleisch entfernt, Costa Rica

DIE NASSE AUFBEREITUNG

Das Naßverfahren erfordert zwar größeren Aufwand und mehr Sorgfalt, vermag aber die Qualitäten der Bohnen besser zu bewahren und fügt ihnen weniger Schaden zu. Der wesentliche Unterschied zwischen den beiden Verfahren liegt darin, daß bei der nassen Aufbereitung das Fruchtfleisch sogleich entfernt wird, während beim Trockenverfahren die Kirschen zunächst getrocknet werden.

Das Entfleischen oder Entpulpen besorgt der Pulper, eine Maschine, die den Kirschen das Fruchtfleisch entweder zwischen einer feststehenden und einer beweglichen Fläche oder zwischen zwei justierbaren Blättern wegreißt oder abquetscht. Um die Qualität der Bohnen zu sichern, muß dieser Vorgang möglichst bald nach der Ernte erfolgen – idealerweise nicht mehr als zwölf Stunden danach, auf keinen Fall jedoch mehr als 24 Stunden später. Nach Ablauf dieser Zeit läßt sich das Fruchtfleisch nur noch schwer von den Bohnen lösen, so daß diese dann leicht beschädigt werden.

Die äußere Fruchtschale und das Fruchtfleisch der Kirsche werden mit Wasser fortgespült, übrig bleiben die Bohnen in ihrer Hülse. Die Schwemmkanäle sind so konzipiert, daß sie die leichteren, unreifen Bohnen von den schwereren, reifen Bohnen trennen, wenngleich diese Trennung auch von einer Aagaard-Sortiermaschine vorgenommen werden kann. Aagaard war ein norwegischer Kaffeeanbauer, der während seines Aufenthaltes in Kenia ein Sortiersystem entwickelte, bei dem die Kaffeebohnen durch ein Sieb in einen Wassertank geschüttelt wurden. Die größeren und schwereren Bohnen sinken sogleich ab, während die leichteren Exemplare weiter fortgetragen werden.

Die nächste Stufe bei der nassen Aufbereitung ist die Fermentation oder Gärung, das heißt Enzyme lösen die klebrige Restschicht ab, die die Pergamenthaut überzieht. Dazu werden die Bohnen 12 bis 36 Stunden in Gärtanks gelagert. Die Dauer des Bades richtet sich nach der Temperatur der Umgebung, nach der Stärke der Restschicht und nach der Anzahl der vorhandenen Mikroorganismen. Wenn die Gärung beendet ist, klebt die Pergamenthaut nicht mehr, und die Bohnen fühlen sich an wie rauhe Kiesel.

Laufende Qualitätskontrollen sind während des Naßverfahrens unabdingbar, um sogenannte »Stinker« gar nicht erst entstehen zu lassen. Schon eine einzige verfaulte Bohne kann eine ganze Kaffeeladung verderben. Aus diesem Grund werden alle benutzten Gerätschaften täglich gereinigt. Nur so bleibt die nächste Partie vor Verunreinigungen sicher.

DAS TROCKNEN DER BOHNEN

Die Kaffeebohnen befinden sich noch immer in ihrer Pergamenthülle, und diese Hülsen enthalten nach der nassen Aufbereitung etwa 50 Prozent Feuchtigkeit. Damit die Bohnen lagerfähig sind, muß der Feuchtigkeitsgehalt auf etwa elf Prozent sinken. Diese Zahl ist entscheidend, weil Arabica-Bohnen, die nur noch zehn Prozent Feuchtigkeit enthalten, ihre blaugrüne Farbe verlieren und an Qualität einbüßen.

Zum Trocknen der Pergamenthaut werden die Bohnen wie bei der trockenen Aufbereitung auf betonierten Trockenflächen oder auf Trockentischen bzw. -brettern ausgebreitet.

Trocknen der Kaffeebohnen, Kenia

Auf größeren Plantagen oder an Orten, wo ständiger Regen den Trocknungsvorgang behindert, werden auch Trockenmaschinen eingesetzt. Zu diesem Zweck kommen die Bohnen in Belüftungskisten, wo sie Heißluft ausgesetzt werden. Sonst läßt man sie in der Sonne trocknen. Die Bohnen werden über einen Zeitraum von 12 bis 15 Tagen regelmäßig gewendet, damit sie gleichmäßig trocknen. Wichtig ist, daß die Pergamenthaut nicht rissig wird. Wenn also die Sonneneinstrahlung zu stark ist, müssen die Bohnen abgedeckt werden.

Jetzt, da diese Phase der Aufbereitung abgeschlossen ist, werden die Bohnen als »Pergamentkaffee« bezeichnet. Im Idealfall verbleiben sie bis unmittelbar vor dem Export in diesem Zustand.

Da die kaffeeproduzierenden Länder das ganze Jahr über exportieren müssen und nicht nur während der Erntezeit, wird der Pergamentkaffee unter stetig gleichbleibenden Bedingungen eingelagert. Eine Luftfeuchtigkeit von 70 Prozent würde die Bohnen sofort ruinieren. Aus diesem Grund werden die Pergamentbohnen meist nicht dort eingelagert, wo sie geerntet wurden. Hochlandkaffee sollte in etwa auf der gleichen Höhe gelagert werden, auf der er gewachsen ist, weil er besonders feuchtigkeitsempfindlich ist. Arabica-Bohnen soll-

Frauen beim Nähen von Kaffeesäcken, Brasilien

ten im aufbereiteten Stadium nicht länger als ein Jahr gelagert werden, bei Robusta-Bohnen kann die Lagerung auch etwas länger dauern.

DAS SCHÄLEN ODER ENTHÜLSEN DER BOHNEN

Kurz vor dem Export wird der Kaffee haltbar gemacht, das heißt, sowohl von den Arabica- als auch von den Robusta-Bohnen wird die Pergamenthaut entfernt, und damit sind die Bohnen versandfertig. Dieses Entfernen der Pergamenthaut von gewaschenem Kaffee und des trockenen Fruchtfleisches samt Pergamenthaut von ungewaschenem Kaffee wird auch als Schälen bezeichnet.

Es ist wesentlich schwieriger, die Pergamenthaut von gewaschenem als von ungewaschenem Kaffee zu entfernen, und so kommen zu diesem Zweck verschiedene Schälmaschinen zum Einsatz. Man unterscheidet zwei Haupttypen: Reibungsschäler und Schlagschäler. Reibungsschäler vom Typ Engelberg oder Afrika können sowohl naß als auch trocken aufbereitete Bohnen verarbeiten. Sie bestehen aus einem zylindrischen Gehäuse, und die Bohnen werden zwischen einem

Drahtgeflecht und einem Messer hindurchgedrückt, so daß die Schalen aufspringen und die Bohnen freigeben.

Pergamentbohnen werden meist von Reibungsschälern des Typs Smout geschält. Zum Einsatz kommen außerdem Walzenschäler, wie sie vorwiegend in Südamerika bei trocken aufbereiteten Bohnen verwendet werden, sowie Schälmaschinen mit einem inwendig angeordneten Messersatz.

Druckschäler, die außer in Brasilien nur für Pergamentkaffee Verwendung finden, arbeiten beim Abtrennen der Pergamenthaut von der Bohne nicht mit Reibung, sondern mit Schlag. Der Kaffee muß für diese Schälmethode einen bestimmten Feuchtigkeitsgehalt aufweisen, sonst brechen die Bohnen. Diese Schälmaschinen bestehen aus einer waagerecht rotierenden Scheibe in einem kreisförmigen Gehäuse. Am Rand der Scheibe sind rundum Stahlstifte oder -bänder angebracht, und durch die Zentrifugalkraft werden die Bohnen dagegen gedrückt, so daß ihre Umhüllung aufbricht.

DAS POLIEREN

Nach dem Schälen werden die Bohnen zur restlosen Entfernung der Silberhaut und zur Glättung der Oberfläche poliert. Die meisten Poliermaschinen arbeiten nach einem ähnlichen Prinzip wie die Smout-Schälmaschinen, nur daß sie an Stelle von Stahlbändern mit Bronzebändern bestückt sind, die die Bohnen weniger aufrauhen. Diese Legierung aus Kupfer und Zinn verleiht den Bohnen außerdem einen attraktiven Blaustich. Im Druckschäler verarbeitete Bohnen werden in der Regel auch poliert, weil sie meist nicht so sauber aussehen wie die Bohnen, die aus dem Reibungschäler kommen.

Früher standen polierte Bohnen in dem Ruf, besser zu sein als unpolierte. Doch auch die gegenteilige Meinung, daß das Polieren und damit die zu starke Veredelung der Bohnen die Kaffeequalität beeinträchtige, ist zu hören – belegen läßt sich weder das eine noch das andere.

DAS SORTIEREN UND VERLESEN

Die Bohnen werden zunächst nach Größe und dann nach Dichte sortiert. Bis auf zwei Ausnahmen haben alle Kaffeebohnen annähernd die gleiche Größe und die gleichen Proportionen: Sie sind auf einer Seite abgeflacht und auf der anderen Seite halbwegs oval, und sie sind länger als breit. Eine Ausnahme stellen die rundlich-walzenförmige Perlbohne so-

wie die übergroße Elefantenbohne dar. Für beide Bohnensorten werden meist hohe Preise gezahlt.

Insgesamt betrachtet, liefern die größeren Bohnen den besseren Kaffee. Die Bohnengröße ist auf einer Skala von 10 bis 20 festgelegt, wenngleich in manchen Herkunftsländern die Qualitätsgrade der Bohnengröße entsprechen, beispielsweise Grad AA. Die Sortierung nach Größe erfolgt mit Hilfe eines Siebes. Doch gleich große Bohnen können unterschiedliches Gewicht haben, und auch beschädigte und schrumpelige Bohnen müssen dann noch aussortiert werden. Am besten trennt man unerwünschte Bohnen von der restlichen Partie durch den Einsatz von Luft. Dieser Methode liegt ein ausgeklügeltes Verfahren zugrunde, bei dem die schwereren Bohnen durch Druckluft von den leichteren getrennt werden. Eine andere Methode bedient sich gravimetrischer Separatoren.

Kaffeebohnen werden verlesen, Bali.

Kaffeebohnen werden der Größe nach sortiert, Kolumbien.

Dabei liegen die Bohnen auf erhöhten Tabletts, während gleichzeitig Luft zwischen ihnen durchgepustet wird, so daß die schwereren Bohnen herunterfallen.

Der nächste Schritt ist das Verlesen der Bohnen, um die Fehlbohnen zu entfernen: sogenannte »Stinker« (verfaulte Bohnen), Frostbohnen, Grasbohnen, Niggerbohnen (vertrocknete Bohnen), insektenbeschädigte Bohnen und Bruchbohnen. Während die Kaffeebohnen auf einem Förderband vorbeiziehen, werden die Fehlbohnen – häufig von Hand – aussortiert.

Alle Kaffees werden vor dem Verkauf verkostet bzw. probiert. Es ist in der Branche üblich, daß die Röster Rohkaffee kaufen und diesen selbst rösten. Der Hauptgrund für dieses Vorgehen ist die geringe Haltbarkeit des gerösteten Kaffees. Hinzu kommt, daß die meisten Einzelhändler ihre Ware lieber direkt von einem Röster in der Nähe beziehen, weil sie dadurch mehr Kontrolle über die Röstung haben.

Kaffee-Lagerhaus, Kolumbien

DIE VERSCHIFFUNG DER BOHNEN

Jahr für Jahr werden zwischen fünf und sechs Millionen Tonnen grüner Rohkaffee produziert. Der Großteil davon beginnt die Reise von der Plantage auf einem Packtier. Bis der Kaffee dann bei den Konsumenten landet, hat er bereits einen langen Weg per Lkw, Schiff oder Bahn bzw. heute meist per Flugzeug hinter sich.

Wie bereits beschrieben, verbleiben die Kaffeebohnen bis zum Export in ihren pergamentartigen Schalen. Das erhöht zwar die Menge und damit auch die Kosten für Lagerung und Transport, gleichzeitig schützt aber die Pergamenthaut die Bohnen vor Beschädigung. Fast alle grünen Bohnen werden in Jute- oder Sisalsäcke abgefüllt verladen, die meist 60 kg fassen.

Die Säcke werden in Containern, die etwa 250 Standardsäcke fassen, oder auf Holzpaletten verschifft. Schätzungsweise sind etwa 2250 Schiffe damit beschäftigt, den Kaffee in alle Welt zu transportieren. Kaffeeschädlinge und Feuchtigkeit können während des Transports Probleme bereiten. Wenn der Kaffee seinen Zielort erreicht, wird er zwischengelagert oder direkt zum Röster weitergeleitet.

Kaffeesäcke an Bord, Kolumbien

Die Verkostung

Die verschiedenen Kaffeesorten aus allen Teilen der Welt werden auf unterschiedliche Weise zubereitet, so daß sich dem Kaffeetrinker eine große Geschmacksvielfalt bietet und er zwischen leichter und schwerer Fülle oder ausgeprägter und feiner Säure wählen kann. Die Unmenge an Sorten mag zunächst überwältigend oder irreführend sein. Doch ebenso wie es für Weine klar definierte und weltweit anerkannte Beurteilungskriterien gibt, so gibt es eine ähnliche Klassifizierung auch für Kaffee.

Ein professioneller Kaffeetester bedient sich geheimnisvoller Gerätschaften. Dazu gehören zahlreiche weiße Tassen oder Gläser sowie Hunderte von Probedosen, Tabletts (eins für gerösteten Kaffee und eins für Rohkaffee), außerdem eine kleine Mühle, eventuell auch ein kleiner Röster, ein Spucknapf, Probierlöffel und, falls es sich um eine wirklich gut ausgestattete Probierküche auf dem neuesten Stand handelt, ein Gerät zum Messen des Feuchtigkeitsgehalts.

Im Aussehen unterscheiden sich die Bohnen kaum. Was den Geschmack betrifft, so läßt sich Kaffee aus verschiedenen Anbaugebieten grob unterscheiden. Kaffee aus Südamerika besitzt eine angenehme Säure und ein feines, unverfälschtes Aroma, während einige ostafrikanische, jemenitische und äthiopische Kaffees weinig schmecken. Arabicas aus Indonesien sind meist vollmundig, während indische Kaffees säurearm, aber trotzdem vollmundig und ausdrucksvoll im Geschmack sind.

Bei der Beurteilung einer Kaffeesorte hat der Kaffeetester zehn Kriterien zu beachten:

- Typ: Robusta, Arabica
- Geschmack: z. B. sehr weich und mild, herb
- Körper: z. B. zuwenig oder zuviel Körper
- Säure: z. B. säurearm, feine, jedoch aufdringliche Säure
- Alter: alt bis frisch
- Mängel: z. B. sauer, grasig, muffig
- Wahrnehmungsnuancen: z. B. geröstet, wässrig, alt
- Gesamturteil: z. B. neutral, würzig, hart
- Aroma: verwischt bis kräftig
- Geschmacksfülle: spitz bis durchschlagend

Um ein guter Kaffeetester zu werden, bedarf es langjähriger Erfahrung. Der Kaffeetester schaut sich zunächst die grünen Bohnen an und bewertet deren Aussehen und Aroma. Als nächstes schnuppert er (oder sie) an der frisch gemahlenen Kaffeeprobe. Nachdem der Kaffee aufgebrüht ist, hält der Tester seine Nase über den Aufguß. Nach drei Minuten rührt er diesen Aufguß kurz um und riecht erneut daran. Entstandener Schaum wird entfernt, und nun beginnt das eigentliche Probieren. Der Tester nimmt einen Löffel voll Kaffee in den Mund und »kaut« darauf herum, um ihn dann wieder auszuspucken. Diesen Vorgang wiederholt er mit allen Kaffeeproben, und zu jeder Probe macht er sich Notizen. Viele Tester bewerten die Proben auf einer Skala von eins bis fünf oder gar von eins bis zehn, während andere ihre ganz persönlichen Bewertungsmaßstäbe anlegen.

Kaffeeprüfer bei Jacobs, Deutschland

Lassen Sie sich nicht davon abhalten, selbst zum Kaffeetester zu werden. Sie werden angenehm überrascht sein, wie schnell Sie zwischen den verschiedenen Sorten unterscheiden lernen und schließlich Ihre Lieblingssorten herausschmecken können. Bald können Sie nach interessanten und wohlschmeckenden Sorten fragen und Ihre ganz persönlichen Mischungen zusammenstellen. Vielleicht finden Sie ja eine Mischung aus 70 Teilen Tansania Chagga AA und 30 Teilen Monsoon Malabar A absolut himmlisch.

Zunächst aber muß man sich – wie beim Verkosten von Wein – das richtige Vokabular aneignen und die einzelnen Kaffeesorten probieren. Nur wenn Sie ausgiebig Kaffee testen, können Sie sich einen Überblick darüber verschaffen, welche Sorten im Handel sind. Und nur so können Sie herausfinden, welche Ihnen schmecken. Jeder hat einen anderen Geschmack und andere Vorlieben. Manch einer findet Harrar Longberry zu weinig oder kommt zu dem Schluß, daß Costa-Rica-Kaffee mehr Schein als Sein ist.

— DAS VOKABULAR DER KAFFEEPRÜFER —

Professionelle Kaffeeprüfer, sogenannte Cuptester, legen verschiedene Maßstäbe an, um verkostete Kaffeeproben zu beschreiben und zu beurteilen. Die wichtigsten Kriterien sind die folgenden:

- Aroma: aschig, verbrannt / rauchig, chemisch / medizinisch, schokoladig, karamelisiert / malzig, erdig, blumig, fruchtig, körnig / grün / krautig, nussig, ranzig / verfault, würzig, tabakartig, weinig, holzig
- Geschmack: herb / scharf, bitter, salzig, sauer, süß
- Gefühl im Mund: ausgewogen, herb / streng, Körper

Robusta-Kaffee: weinig, schmeckt leicht verbrannt
Arabica-Kaffee: erinnert an Zitrusduft, hat mehr Säure

DIE VERKOSTUNG ZU HAUSE

Laden Sie zwei Freunde zu einer Kaffeeprobe mit drei verschiedenen Kaffees ein. Beim ersten Testen sollten Sie nicht auf die feinen Unterschiede achten, sondern vielmehr die wesentlichen Merkmale herausfinden, etwa einen südamerikanischen von einem asiatischen Kaffee unterscheiden lernen. Ein äthiopischer Kaffee hat beispielsweise viel Säure und wenig Körper, ein Sumatra-Kaffee dagegen ist säurearm und körperreich.

Sie benötigen zum Verkosten neun Tassen – am besten weiß und mittelgroß – sowie einen Spucknapf. Pro Person mahlen Sie einen Eßlöffel Bohnen und geben das Kaffeemehl in die Tasse. Profitester messen die Menge sehr genau ab. Manche wiegen exakt 10 g aus, andere bevorzugen 12 g als Maß. Notieren Sie die Kaffeesorte auf einem Stück Papier und legen Sie dies unter die Tasse. Nachdem Sie eine Bohnensorte gemahlen haben, ist die Mühle vor dem nächsten Mahlvorgang durch Ausschütteln oder Ausbürsten sorgfältig zu reinigen. Profis mahlen sogar zwischendurch kleine Mengen der nächsten Sorte, um sicherzugehen, daß keine Reste der zuletzt gemahlenen Sorte übrigbleiben. Sie sollten stets genügend Bohnen mahlen, damit Sie eine kleine Portion Kaffeemehl auf einer Untertasse oder in einem Schälchen neben der Kaffeeprobe bereitstellen können.

Sie sollten eine gute Kaffeemühle benutzen, die ein Kaffeemehl mit gleichmäßiger Körnung produziert. Schlagmessergeräte sind nicht zu empfehlen. Was Sie brauchen, ist ein Mahlwerk, das Korngrößen von 0,2 bis 0,6 mm mit sieben bis acht Prozent Pulver liefert. Der Feinheitsgrad des gemahlenen Kaffees sollte für die Kaffeemaschine geeignet sein, bei der das Kaffeemehl durch das Filtrationsverfahren optimal aufgeschlossen wird. Bei zu feinem Pulver werden die Aromastoffe zu schnell abgegeben, während zu grobes Kaffeemehl unzureichend aufgeschlossen wird.

Die Wassermenge ist ebenfalls genau abzumessen, denn zuviel davon macht den Kaffee wäßrig und zuwenig macht ihn herb. Nehmen Sie frisches Wasser aus dem Hahn, und lassen Sie es eine Weile fließen, bevor Sie den Kessel oder Topf damit füllen. Schalten Sie den Herd aus, kurz bevor das Wasser kocht, und überbrühen Sie damit den gemahlenen Kaffee. Bei 10 g Kaffeepulver in einer mittelgroßen Tasse müssen Sie die Tasse bis knapp unter den Rand füllen. Achten Sie darauf, daß das Wasser für alle Tassen gleichmäßig heiß ist. Gegebenenfalls müssen Sie es für jede Tasse noch einmal bis knapp unter den Siedepunkt erhitzen. In Gegenden mit sehr hartem Wasser kann es angebracht sein, das Wasser vor dem Aufgießen abzukochen, um den Kalkgehalt zu reduzieren, der sich – wie allgemein bekannt ist – störend auf den Geschmack auswirkt. Einige Tester ziehen es vor, den Kaffee in einer Kanne aufzubrühen und dann erst auf die einzelnen Tassen zu verteilen. Die Mehrheit überbrüht das Kaffeemehl jedoch direkt in den Tassen.

Der Kaffeetester schnuppert zuerst am frisch gemahlenen Kaffee, dann an der Tasse mit dem aufgebrühten Kaffee. Der Aufguß ist zu diesem Zeitpunkt noch nicht umgerührt worden. Nach zwei bis drei Minuten schnuppert der Tester erneut und verrührt mit einem versilberten Löffel (am besten mit einem Suppenlöffel) die schaumige Schicht, die sich auf dem Kaffee gebildet hat. Dies vermittelt Ihnen einen ersten Eindruck von dem jeweiligen Kaffee. Es ist wichtig, mehrmals an dem Kaffee zu schnuppern, um den Geruchssinn erneut zu aktivieren. Notieren Sie Ihre ersten Eindrücke auf einem Blatt Papier. Wie haben Sie den Kaffee wahrgenommen? War er erdig, aschig, blumig oder eventuell noch ganz anders? Versuchen Sie, bei Ihren Notizen so präzise wie möglich zu sein, und verwenden Sie dasselbe Vokabular wie die Profitester.

KAFFEEVERKOSTUNG ZU HAUSE

1 Sie benötigen Rohkaffee, gemahlenen Kaffee und einen Löffel.

2 Das Kaffeemehl mit heißem Wasser aufbrühen.

3 Schnuppern und die schaumige Schicht umrühren.

4 Erneut schnuppern, mit dem Löffel etwas Kaffee zum Mund führen und schlürfend aufsaugen.

DIE BLIND-VERKOSTUNG

Nach einer Blind-Verkostung von Kaffees aus Brasilien, Kamerun, Kolumbien, Costa Rica, Kenia und von der Elfenbeinküste durch französische Konsumenten kam die Internationale Kaffeeorganisation zu folgendem Ergebnis:

- Kolumbianischem Kaffee wurde das kräftigste Aroma attestiert. Er wurde besser bewertet als die anderen Kaffees. Lediglich Kaffee von der Elfenbeinküste erhielt von einigen Testern eine noch bessere Beurteilung.
- Die meiste Säure wurde den Kaffees aus Costa Rica und Kolumbien bescheinigt. Sehr dunkel geröstete Kaffees haben fast ihre gesamte Säure verloren, während Kaffees, die hell geröstet werden, viel Säure entwickeln.
- Kenianischer Kaffee wurde als weniger bitter im Vergleich zu Kaffee aus Kolumbien, Costa Rica und Brasilien eingestuft (obwohl es sich um stark geröstete Kaffees handelte), jedoch nicht weniger bitter als die beiden Robusta-Kaffees. Eine starke Röstung läßt Arabica-Kaffee bitterer werden als Robusta-Kaffee; eine Ausnahme von dieser Regel sind kenianische Bohnen.
- Die Tester nahmen eindeutig ein fruchtiges Aroma wahr, obwohl das bei einer starken Röstung eigentlich verlorengehen müßte. Dabei wurde kenianischer Kaffee als deutlich fruchtiger empfunden als die beiden Robusta-Kaffees, aber nicht wesentlich fruchtiger als die Kaffees aus Brasilien, Kolumbien und Costa Rica.
- Aufgefordert, nach einem verbrannten Geschmack zu suchen, kamen die Tester zu einem ähnlichen Ergebnis wie bei der Beurteilung des bitteren Geschmacks. Die Teilnehmer ließen sich in zwei Gruppen einteilen: Eine Gruppe konnte verbrannte Geschmacksnuancen feststellen, die andere Gruppe nicht. Allerdings wurde costaricanischer wie kolumbianischer Kaffee als deutlich verbrannter eingestuft als kenianischer Kaffee.

- Bei der Bewertung des Körpers wurde costaricanischer Kaffee als die Sorte mit der größten Fülle beschrieben, vor allem im Vergleich mit Kaffees aus Kenia, Brasilien, von der Elfenbeinküste und aus Kamerun. Kolumbianischer Kaffee wurde im Hinblick auf den Körper als ähnlich empfunden.

- Im Schnitt wurde allen getesteten Kaffees ein Nachgeschmack von mittlerer Intensität bestätigt, wobei der costaricanische Kaffee bedeutend kräftiger eingestuft wurde als alle drei Kaffees afrikanischer Provenienz.

Insgesamt gaben die Kaffeetester dem kenianischen Kaffee den Vorzug vor den Kaffees aus Brasilien, Kolumbien und von der Elfenbeinküste. An zweiter Stelle rangierten die beiden anderen Kaffees. Die französischen Test-Konsumenten bevorzugten einen Kaffee mit einem eher feinen, milden Aroma und mit einem Minimum an verbrannten Geschmacksnuancen und nicht zu ausgeprägter Fülle bei einem Maximum an fruchtigem Aroma. Kolumbianischer Kaffee, in seinen Merkmalen das genaue Gegenteil von kenianischem Kaffee, fand deutlich weniger Gefallen als die afrikanischen Bohnen, und obwohl Kaffee aus Kamerun dem kenianischen Kaffee sehr ähnelt, wurde er als bitterer und längst nicht so fruchtig bewertet.

Wiederholen Sie diese Prozedur mit den übrigen Kaffeeproben, und vergessen Sie nicht, zwischendurch den Löffel unter klarem Wasser abzuspülen.

Als nächstes rühren Sie den Aufguß um und führen einen Löffel voll zum Mund. Saugen Sie die Flüssigkeit regelrecht auf; der Vorgang ist besser mit Schlürfen als mit Trinken zu beschreiben. Verteilen Sie den Kaffee in der Mundhöhle, »kauen« Sie darauf herum, um seine Säure und seinen Körper zu erschmecken. Wichtig ist die Wahrnehmung des Körpers: Hat der Kaffee einen vollmundigen Geschmack? Noch schwieriger ist die Bestimmung der Säure, doch Sie schmekken sie am Zungenrand. Spucken Sie dann den Kaffee aus und notieren Sie Ihre Eindrücke.

Bei der zweiten Probe variieren die Meinungen. Manche Tester finden es schwierig, die breite Skala der Wahrnehmungsnuancen in Tee und Kaffee in ein oder zwei Probeschlücken zu bewerten. Deshalb möchten Sie vielleicht alle Kaffeeproben erst einmal durchkosten und »kauen«, um Körper und Säure beurteilen zu können, die einzelnen Proben dann ein zweites Mal testen, doch diesmal mit etwas mehr »Biß«. Dabei achten Sie dann auf die jeweiligen Charakteristika und Aromen: Schmeckt der Kaffee süß oder salzig, schmeckt er rauchig oder weinig? Kaffee läßt sich nur dann wirklich schmecken, wenn er geschlürft wird. Dabei wird die Flüssigkeit in den Mund eingesogen, so daß sie in den hinteren Teil des Gaumens, an das Zäpfchen, gelangt. Das Ganze geht vermutlich sehr geräuschvoll und nicht ohne Kleckern vonstatten, doch es soll ja auch ein bißchen Spaß machen. Vergessen Sie dabei aber nicht, Ihre Notizen zu machen.

MIT ODER OHNE MILCH?

Milch im Kaffee ist bei einer ernsthaften Kaffeeprobe fehl am Platze, denn sie beeinflußt den Geschmack. Auch zu anderen Anlässen sollte ein Kaffee mit wenig Körper stets schwarz getrunken werden, während bei einem Kaffee mit vollem Körper nichts gegen die Zugabe von Milch einzuwenden ist.

Die Röstung

Das Rösten der Kaffeebohnen ist eine wahre Kunst. Erst durch die Röstung entfaltet der Kaffee sein charakteristisches Aroma, ohne dieses Rösten oder Brennen gäbe es keinen Kaffeegenuß.

Während des Röstvorgangs kommt es – bedingt durch die hohen Temperaturen – zu chemischen Reaktionen: Stärke wird in Zucker verwandelt, es bilden sich verschiedene Säuren, während andere abgebaut werden. Die ursprüngliche Zellstruktur der Bohne löst sich auf und bewirkt eine Sprengung der Bohne, bei der die Kaffeefurche unter Knacken und Knallen wie Popcorn platzt. Eiweiß wird in Peptide zerlegt, und diese treten als Öle hervor. Feuchtigkeit und Kohlendioxid verdampfen, und bei einer stärkeren Röstung bildet sich Kohlenstoff.

Kaffeerösterei, USA

Die Aromaöle, auch Kaffee-Essenz oder Kaffeeöl genannt, sind leicht flüchtig und Träger der typischen Aroma- und Geschmacksstoffe, und da sie wasserlöslich sind, kommen sie im aufgebrühten Kaffee richtig zur Geltung. Sauerstoff und in geringerem Maße auch Licht sind die größten Feinde der gerösteten Bohnen, denn schon unmittelbar nach dem Rösten verlieren die Bohnen an Aroma. Die durch die Röstung hervorgetretenen Öle oxidieren und riechen binnen kurzem ranzig.

Auch der Röstmeister kann großen Schaden anrichten. Werden die Bohnen nicht bei der erforderlichen Temperatur oder nicht entsprechend lange geröstet, treten die Aromaöle nicht an die Oberfläche, und der Kaffee bekommt einen »breiten« Geschmack. Wird bei zu großer Hitze oder zu lange geröstet, schmeckt der Kaffee zu dünn und verbrannt und damit alles andere als appetitlich.

Die meisten Röstmaschinen werden mit Gas betrieben und arbeiten bei Temperaturen um 290 °C. Bereits in den ersten fünf Minuten tritt aufgrund der hohen Temperatur das Wasser aus den Bohnen aus. Anschließend wird den Bohnen auch die restliche Feuchtigkeit noch entzogen (wodurch sie aufgeknackt werden). Sobald die Bohnen eine Temperatur von etwa 200 °C erreichen, verändern sie allmählich ihre Farbe von Fahlgrün nach Dunkelbraun, und die Öle treten aus. Dieser Vorgang wird als Pyrolyse (Zersetzung von Stoffen durch Hitze) bezeichnet. Ab diesem Zeitpunkt muß die mit dem Rösten betraute Person die wichtige Entscheidung treffen, wann der Kaffee fertig geröstet ist.

Größere Maschinen, wie sie im Kaffeegroßhandel zu finden sind, transportieren die Bohnen in einer Rösttrommel an einer Spindel entlang. Sobald die Bohnen das Ende der Spindel erreichen, sind sie fertig geröstet. Solche teuren Anlagen rentieren sich nur bei entsprechend großen Kaffemengen. Im Einzelhandel wird vermutlich ein 12 kg-Röster benutzt, während echte Kaffeeliebhaber oder ein sehr um Frische bemühter Einzelhändler einen der heute zunehmend erhältlichen Tischröster bevorzugen. Wichtig ist, daß die Bohnen während des Röstvorgangs ständig in Bewegung bleiben. Das garantiert

Röstgrade: ungeröstet, mittlere Röstung, mittelstarke Röstung, starke Röstung, doppelte Röstung und italienische (Espresso-) Röstung

RÖSTGRADE

Folgende Bezeichnungen sind für die unterschiedlichen Röstgrade üblich. Fragen Sie Ihren Kaffeehändler, damit Sie Ihre Kaffeewünsche präzise benennen können.

- Helle Röstung: blasse oder Zimt-Röstung
- Mittlere Röstung: amerikanische Röstung, Frühstücks-Röstung
- Starke Röstung: helle französische Röstung, Wiener Röstung
- Doppelte Röstung: Continental-Röstung, französische Röstung
- Italienische Röstung: Espresso-Röstung

nicht nur die gleichmäßige Röstung der Charge, sondern verhindert gleichzeitig, daß die Bohnen verbrennen und Feuer fangen.

Unmittelbar nach dem Rösten werden die Bohnen auf speziellen Sieben vorzugsweise mit Luft oder aber durch Besprühen mit Wasser abgekühlt, um ein Nachrösten zu verhindern. Je rascher die gerösteten Bohnen abkühlen, um so besser.

Die einzige allgemeingültige Terminologie unter Kaffeerö-stern sind die Ausdrücke »schwach«, »mittel« und »stark« oder auch »hell«, »mittel« oder »dunkel«, und darunter versteht jeder etwas anderes.

Es spricht nichts dagegen, hell und dunkel geröstete Kaffees zu mischen. Sie sollten allerdings bedenken, daß bestimmte Röstgrade für manche Kaffeesorten nicht geeignet sind und daß die eine oder andere Kaffeesorte zu bestimmten Tages- und Nachtzeiten vorzuziehen ist. So wäre es Verschwendung, einen äthiopischen Kaffee stark zu rösten, weil er dadurch die Ursprünglichkeit seines Charakters verlöre. Ebenso wäre es schade, Yauco Selecto oder Kona-Kaffee einer dunklen Röstung zu unterziehen, denn sie würden ihr klassisches Aroma einbüßen. Andere Qualitätsbohnen dagegen profitieren von einer starken Röstung und erhalten dadurch eine neue, interessante Note. Mexikanischer Kaffee beispielsweise schmeckt aufregend süß, wenn er stark geröstet wird.

Einige Kaffeesorten, zum Beispiel der guatemaltekische Antigua, bewahren trotz starker Röstung ihre feine Säure und ihr fruchtiges Aroma. Andere Kaffeesorten sind schwieriger zu handhaben. Kaffees aus Sumatra beispielsweise sind sehr körperreich, besitzen aber nur relativ wenig Säure. Bei einer stärkeren Röstung geht die Säure verloren, während das Aroma eher süßlich wird.

Als Faustregel gilt jedoch: Je dunkler die Röstung, desto geringer ist letztendlich die Qualität, und je stärker die Bohnen geröstet werden, um so mehr verliert sich der eigentliche Charakter der Bohnen.

Frisch geröstete Bohnen in der Kühlpfanne

KAFFEERÖSTEN ZU HAUSE

Der schwierigste Arbeitsgang rund um den Kaffee ist das Rösten der Kaffeebohnen zu Hause. Die Frische der gerösteten Bohnen ist jedoch ausschlaggebend. Sicher haben auch Sie schon einmal alten, muffigen Kaffee gekauft. Nichts geht über selbstgeröstete Bohnen, die anschließend gemahlen und in der eigenen Küche zu einem köstlichen Kaffee aufgebrüht werden. Der Aufwand ist durchaus die Mühe wert.

Ganz einfach lassen sich die Bohnen im Backofen rösten. Das hat den Vorteil, daß Sie die Ofentemperatur kontrollieren können und daß während des Röstens nicht die ganze Wohnung von Rauch durchzogen wird. Heizen Sie den Backofen auf 230 °C vor. Die Bohnen dürfen nicht zu dicht liegen, damit die Luft unter und zwischen ihnen zirkulieren kann. Lassen Sie die Bohnen etwa zehn Minuten im Ofen und beobachten Sie, wie sich ihre Farbe verändert. Sobald sie etwas heller als gewünscht sind, nehmen Sie sie aus dem Ofen und lassen Sie sie abkühlen. Die Bohnen rösten anschließend noch zwei bis vier Minuten nach.

Sie können auch einen Heimröster für die Herdplatte kaufen, doch am besten sind die traditionellen Röstpfannen oder Apparate, die nach dem Prinzip eines Popcornrösters funktionieren. Diese Geräte haben eine Kurbel, die zwei senkrechte Scheiben im Innern des Rösters antreibt und so für die ständige Bewegung der Bohnen sorgt. Mit etwas Glück finden Sie ein solches Gerät auf dem Flohmarkt oder in einem gut sortierten Haushaltswarengeschäft. Sobald die Bohnen fertig geröstet sind, geben Sie sie in eine feuerfeste Schüssel und stellen diese ans offene Fenster oder nach draußen.

Grüne Bohnen in die Röstpfanne schütten.

Während des Röstvorgangs die Temperatur überprüfen.

Der Mahlvorgang

Mit jedem weiteren Verarbeitungsschritt verkürzt sich die »Lebensdauer« des Kaffees, und er verliert an Geschmack und Aroma. Rohkaffee ist, wie schon erwähnt, jahrelang haltbar, nach dem Rösten bleibt das volle Aroma allerdings nur eine Woche erhalten, und nach zwei Wochen ist bestenfalls noch die Hälfte davon übrig. Nach dem Mahlen jedoch reduziert sich die Aromafrische des Kaffees auf höchstens wenige Tage.

In jedem guten Kaffeegeschäft werden Sie beim Kauf einer einzelnen Kaffeesorte oder einer Mischung gefragt, ob Sie die Bohnen gemahlen haben möchten. Falls dies der Fall ist, sollten Sie angeben, welche Zubereitungsmethode Sie verwenden, denn der Mahlgrad des Kaffees muß darauf abgestimmt sein. Das Ziel ist natürlich immer, den Bohnen den vollen Geschmack abzugewinnen, und das wird erreicht, wenn man das Kaffeemehl in siedendheißem Wasser ziehen läßt. Je rascher der Brühvorgang, desto feiner der Mahlgrad des Kaffees.

Die Mahlgrade werden im wesentlichen in »grob«, »mittel« und »fein« eingeteilt. Fein gemahlener Kaffee muß nicht so lange mit dem Brühwasser in Kontakt bleiben wie groberes Kaffeemehl. Sehr grob gemahlener Kaffee ist demnach am besten für die sogenannte Kannenzubereitung geeignet. Sowohl die Cafetière- als auch die Filtermethode erfordern groberes Kaffeemehl als die Espressomaschinen, bei denen der Kaffee in kürzester Zeit durchläuft. Das perfekte Kaffeemehl für Espresso ist feiner als Sand, für die Kannenzubereitung ist es idealerweise so grob, daß Barfußlaufen darauf Schmerzen bereiten würde.

Diese Faustregel sollte aber allenfalls als Richtschnur dienen. Denn wenn Sie beispielsweise ein besonders feines Espresso-Mahlgut für Ihre Filter-Kaffeemaschine verwenden, werden Sie feststellen, daß das Wasser länger braucht, um den Filter zu passieren, und der fertige Kaffee wäre geschmacklich nicht besser. Wenn Sie einen stärkeren oder schwächeren Aufguß möchten, brauchen Sie lediglich entsprechend mehr oder weniger Kaffeemehl im Verhältnis zum Brühwasser zu verwenden. Das ist bedeutend einfacher, als die Mahlstärke des Kaffees zu verändern.

VERSCHIEDENE MAHLGRADE

sehr fein (für Espresso)

fein

mittelfein

mittelgrob

grob

pulverisiert

KAFFEEMAHLEN ZU HAUSE

Zwischen frisch gemahlenen Kaffeebohnen und Kaffeebohnen, die bereits einige Tage zuvor gemahlen wurden, liegen Welten. Das Kaffeemahlen zu Hause ist weniger aufwendig als das Rösten und benötigt nur wenige Minuten vor dem Aufbrühen. Eine Vielzahl von Kaffeemühlen sind im Handel erhältlich, die allesamt erschwinglich und obendrein platzsparend sind.

Die älteste Form der Kaffeezerkleinerung ist das Zerstoßen der Bohnen im Mörser. Dies ist ein langwieriges Verfahren, das einen Kaffee unterschiedlicher Korngrößen liefert und ist nur für Zubereitungsmethoden geeignet, bei denen der Kaffee lange durchzieht, oder aber für türkischen Mokka, der gekocht wird.

Die zweitälteste Methode, die aus dem Mittleren Osten stammt, ist vermutlich die Verwendung von Mahlsteinen in Form von zwei gewellten Stahlscheiben, zwischen denen die Bohnen zerrieben wurden. Als nächstes kamen die Kaffeemühlen mit Holzkästen auf. Man gibt die Bohnen oben in einen Trichter und zieht anschließend unten die Schublade mit

Grundmodell einer Holzkaffeemühle mit Kurbel und Schublade

Gußeiserne Tischkaffeemühle mit zwei Schwungrädern, Anfang des 20. Jahrhunderts

dem gemahlenen Kaffee heraus. Beim Kauf einer solchen Handmühle sollte man nicht sparen, denn eine gute Mühle liefert im Gegensatz zu den Billigausführungen auch ein feines Kaffeemehl mit gleichbleibender Korngröße.

Elektrische Kaffeemühlen sind entweder mit einem Messersatz oder einem Mahlwerk aus zwei aufgerauhten Mahlscheiben ausgerüstet und können auf verschiedene Mahlstärken eingestellt werden. Der Vorteil ist, daß man exakt die benötigte Menge in der gewünschten Mahlstärke erhält. Wenn Sie gern Espresso trinken, benötigten Sie ein elektrisches Gerät, da eine Handmühle den für Espresso erforderlichen Feinheitsgrad nicht erreicht.

Grobes Kaffeemehl ist in einer elektrischen Mühle in sieben bis zehn Sekunden fertig. Für einen mittleren Mahlgrad benötigt das Gerät 10 bis 13 Sekunden und für einen feinen Mahlgrad (der allerdings nicht für Espresso geeignet ist) 15 bis 20 Sekunden.

MESSER UND MAHLWERK IM VERGLEICH

Sollten Sie einmal die Gelegenheit haben, Kaffee, der in einem Gerät mit rotierendem Messer gemahlen wurde, mit solchem zu vergleichen, der in einer Maschine mit Mahlwerk gemahlen wurde, werden Sie überrascht sein, wieviel besser der mit Mahlwerk gemahlene Kaffee schmeckt. Das Messer zerreibt die Bohnen nicht, sondern zerhackt und zerfetzt sie in kleine ungleichmäßige Körnchen. Während das Kaffeemehl am Rand pulverfein ist, verbleiben in der Mitte Bröckchen.

Frisch zerhackte Kaffeebohnen besitzen allerdings immer noch mehr Aroma als lange gelagerter fertig gemahlener Kaffee. Außerdem haben Geräte mit einem rotierenden Messer den entscheidenen Vorteil gegenüber Geräten mit richtigem Mahlwerk: Sie sind wesentlich preiswerter. Eine elektrische Kaffeemühle, die in der Hand haltend betrieben wird, ist natürlich entschieden preiswerter als eine Gaggia MDF.

Mit kleinen elektrischen Handmühlen sollten Sie die Bohnen nicht länger als zwei bis fünf Sekunden zerkleinern, damit sie nicht überhitzen. Wenn Sie die Mühle zwischendurch schütteln oder klopfen, verteilt sich der Inhalt gleichmäßig.

Gaggia MDF – eine der besten elektrischen Tischkaffeemühlen auf dem Markt

Die Zubereitung

Einer der Gründe für die weltweite Verbreitung des Kaffeetrinkens ist vermutlich darin zu suchen, daß Kaffee sich auf so unterschiedliche Weise zubereiten läßt und den verschiedensten Geschmackswünschen entgegenkommt. Nichtsdestoweniger ist das Grundprinzip aller Zubereitungsarten überall gleich: Die gemahlenen Bohnen werden mit heißem Wasser übergossen, um aus dem Kaffeepulver eine aromatische Flüssigkeit – den Kaffee – zu gewinnen.

Obgleich die Kaffeebohne aus Arabien zu uns gelangte, fand die arabische Zubereitungsweise keine große Verbreitung. Sämtliche der hier üblichen Arten der Kaffeezubereitung unterscheiden sich grundlegend von der traditionellen arabischen Zubereitungsweise, bei der der Kaffee dreimal aufgekocht wird. Kochen beeinträchtigt den Geschmack, weil es dem Kaffee die flüchtigen Aromastoffe entzieht und gleichzeitig die bitteren Geschmacksanteile stärker hervortreten läßt. Um diesen bitteren Geschmack zu überdecken, geben die Araber in einigen Ländern Kardamom an den Kaffee.

Die beste Methode der Kaffeezubereitung ist die, die Ihnen persönlich am meisten zusagt. Sie sollten dabei sowohl Ihre eigene Bequemlichkeit und Ihre Vorlieben als auch die erforderliche Zeit für die jeweilige Zubereitungsart berücksichtigen. Außerdem ist da noch der rituelle Aspekt der Kaffeezubereitung. Wenn es mal wieder besonders hektisch zugeht oder nach einem streßigen Arbeitstag macht eine Kaffeepause Spaß und tut gut. Nehmen Sie sich die Zeit!

Kaffeeservice von Pirandelli

EINE PERFEKTE TASSE KAFFEE

Damit der Kaffee richtig gut wird, gilt es, sieben einfache Regeln zu beachten:

- Verwenden Sie frisch geröstete Bohnen, deren Röstung nicht länger als eine Woche zurückliegt.
- Bewahren sie die Bohnen luftdicht verschlossen auf.
- Mahlen Sie den Kaffee erst kurz vor dem Aufbrühen.
- Nehmen Sie für die Zubereitung stets frisches, kaltes Wasser aus dem Kran. Lassen Sie das Wasser kurz aufwallen, doch übergießen Sie das Kaffeepulver nie mit kochendem Wasser.
- Bereiten Sie den Kaffee nach Ihrer bevorzugten Methode zu: Überbrühen bzw. Aufgießen, Filtern usw., und lassen Sie den Kaffee entsprechend lange ziehen.
- Trinken Sie den zubereiteten Kaffee möglichst sofort.
- Denken Sie daran, Tasse oder Becher anzuwärmen, bevor Sie den Kaffee hineingießen.

TÜRKISCHER KAFFEE

Der Kaffee, den wir gemeinhin als türkisch bezeichnen, wird vermutlich noch genauso zubereitet wie dereinst das Gebräu der ersten Kaffeetrinker. Dazu gibt man feines Kaffeemehl, Zucker und Wasser in genau derselben Reihenfolge in ein kleines als Ibrik bezeichnetes Messing- oder Kupferkännchen mit einem langem Griff. Man sollte schon zwei gestrichene Teelöffel Kaffee pro Tasse rechnen und jeweils einen Teelöffel Zucker auf einen Teelöffel Kaffee. Diese Mischung läßt man aufkochen und nimmt dann sogleich das Kännchen vom Herd. Da die Flüssigkeit beim Kochen aufschäumt und bis zur schmalen Öffnung aufsteigt, darf der Ibrik nicht bis zum Rand gefüllt werden. Türkischer Kaffee wird erst nach dreimaligem Aufkochen serviert. Traditionell wird diese Kaffeespezialität mit gemahlenem Kardamom gewürzt. Man rechnet pro Tasse eine Kardamonkapsel.

Ein Ibrik für Kaffee nach türkischer Art

DER PERKOLATOR

Der 1827 in Frankreich erfundene Perkolator erfreute sich vor allem in den Vereinigten Staaten großer Beliebtheit. Er erfüllt die Wohnung mit dem herrlichsten Kaffeeduft. Doch der Kaffee wird im Perkolator gekocht und schmeckt daher bitter.

Amerikanischer Universal-Perkolator um 1880

DER GLASKOLBEN

Diese Kaffeemaschine arbeitet nach dem 1840 von dem schottischen Schiffbauingenieur Robert Napier ausgearbeiteten Vakuumprinzip und besteht aus zwei Glasballons, von denen der untere zur Hälfte mit Wasser gefüllt wird. Der gemahlene Kaffee kommt in den oberen Ballon. Durch Wärmezufuhr wird das Wasser erhitzt, dehnt sich aus und steigt vom unteren Behälter nach oben, wo es sich mit dem Kaffeemehl mischt. Wird die Wärmezufuhr unterbunden, entsteht ein Vakuum. Der nun entstandene trinkfertige Kaffee zieht sich wieder zusammen, das heißt, er wird unter Druck in den unteren Glasballon zurückgesaugt. Allerdings ist darauf achten, daß der fertige Kaffee nicht mehr kocht. Dieses Prinzip wurde später als Cona-Kaffeemaschine vermarktet.

Ein Original-Cona-Gaskolben, einst eine sehr beliebte Art der Kaffeezubereitung

DIE FILTERMETHODE

Das von dem Franzosen M. de Belloy erfundene Tröpfel- oder Filtersystem ist bei uns die weitaus beliebteste Methode der Kaffeezubereitung.

Bei dem manuellen Filtersystem verwendet man als Auffangbehälter eine Kaffeekanne, zudem benötigt man einen aufgesetzten Trichter mit Filterpapier, in den grobgemahlenes Kaffeepulver gefüllt wird. Dieses wird mit siedendem Wasser übergossen und tröpfelt dann dank der Schwerkraft durch den Filter in die untergestellte Kanne. Das dauert etwa sechs bis acht Minuten, und der durchgelaufene Kaffee ist relativ klar.

Bei den als Kaffeemaschinen bezeichneten maschinellen Filtersystemen wird jeweils nur eine kleine Wassermenge auf die entsprechende Temperatur gebracht, um dem Kaffeepulver möglichst viel Aroma abzugewinnen, bevor der trinkfertige Kaffee durch den Dauerfilter oder Papierfilter tropft. Papierfilter sind insofern sehr praktisch, als man sie nach Gebrauch einfach wegwerfen kann. Außerdem sind sie als Filtriermaterial besser geeignet als die meisten Dauerfilter aus Kunststoff.

Kaffeemaschine von Krups für Filterkaffee, Espresso und Cappuccino

Filter-Kaffeemaschinen sind in unterschiedlichen Ausführungen – auch mit diversem Zubehör – erhältlich, doch all dies beeinflußt die Qualität des fertigen Kaffees kaum. Einer der führenden Hersteller von Filter-Kaffeemaschinen ist die Firma Melitta. Bei den Dauerfiltern haben sich die Goldfilter am besten bewährt, weil sie etwas mehr Bodensatz durchlassen und dadurch die Beschaffenheit des fertigen Kaffees verändern. Für diese Art von Kaffeemaschinen wird ein etwas groberes Kaffeepulver benötigt.

Die Deutschen bauen anscheinend die besten Filter-Kaffeemaschinen: Krups ist Branchenführer; Braun fertigt besonders elegante Maschinen, und Melitta liefert die hochwertigsten Geräte.

DIE CAFETIÈRE

Mit der Cafetière, die in den Vereinigten Staaten »Meloir« heißt, läßt sich ein wunderbarer Kaffee zubereiten. Der nach dem Presso-System zubereitete Kaffee wird von vielen bevorzugt, weil die gemahlenen Bohnen dabei ihr volles Aroma entfalten. Das Presso-System wurde angeblich 1933 von einem Italiener namens Caliman erfunden, der dieses Patent später einem Schweizer verkaufte, um während des Krieges aus Italien flüchten zu können.

Die Methode ist kinderleicht. Man wärmt zuerst den feuerfesten Glaskrug in einem Ständer an, gibt anschließend das grobe Kaffeemehl hinein (etwa 5 g pro Tasse), gießt kochendheißes Wasser darüber und rührt um. Nun legt man den mit einem Filtermechanismus versehenen Deckel auf, läßt den Kaffee vier bis fünf Minuten ziehen und drückt dann vorsichtig die Filtervorrichtung, in der Regel ein Edelstahlsieb, nach unten, um so die Flüs-

Cafetière aus Edelstahl von La Cafetière

sigkeit vom Kaffeesatz zu trennen. Der Kaffee kann nun direkt aus der hübsch anzusehenden Cafetière serviert werden.

Die Zubereitung in der Cafetière ist sehr praktisch, weil man sich bequem des Kaffeesatzes entledigen kann und überdies einen Kaffee mit vollem Aroma erhält. Von Vorteil ist auch, daß die Glaskrüge in verschiedenen Größen erhältlich sind. Man muß also nicht auf die große Cafetière für acht Tassen zurückgreifen, wenn man nur einen Becher aufgießen möchte. Der einzige Nachteil besteht darin, daß der Kaffee in dem Krug schnell erkaltet.

Die besten Cafetières der unteren Preisklasse werden von der dänischen Firma Bodum hergestellt, während die teureren Ausführungen von dem französischen Hersteller Meloir und dem britischen Hersteller La Cafetière kommen. Auch die Firma Alessi bietet ein hochwertiges Modell an. Beim Kauf einer solchen Cafetière sollte man auf keinen Fall ein Modell mit einer Filtervorrichtung aus Nylon nehmen. Wesentlich besser und außerdem haltbarer ist ein Edelstahlsieb.

ESPRESSOKÄNNCHEN

Aus keinem italienischen Haushalt wegzudenken ist dieses Espressokännchen, mit dem auf dem Herd ein sehr dunkler, kräftiger Kaffee zubereitet wird. Es besteht aus zwei Behältern: Das Wasser aus dem unteren Behälter wird als Wasserdampf durch den mit Kaffeepulver gefüllten Filtereinsatz gedrückt und gelangt als Kaffee in den oberen Behälter, aus dem er anschließend auch serviert wird. Es läßt sich nicht leugnen, daß die Kännchen hübsch anzusehen sind.

Espressokännchen für den Herd sind in Italien sehr gängig.

DIE KALTWASSER-METHODE

Diese Zubereitungsmethode empfiehlt sich für Kaffee als Zutat in kalten Mixgetränken, und gerade im Sommer ist es praktisch, etwas von diesem Kaffee-Extrakt vorrätig haben. Man verrührt reichlich Kaffeepulver mit etwa 1 l kaltem Wasser und läßt es zwölf Stunden ziehen. Dann gießt man die Flüssigkeit durch ein Sieb, um den Kaffeesatz zurückzubehalten, und bewahrt das Kaffeekonzentrat bis zum Gebrauch im Kühlschrank auf. Eine Tasse Extrakt ergibt mit Wasser verdünnt vier Tassen Kaffee von normaler Trinkstärke.

DIE MACCHINETTA NAPOLETANA

Dieses Gerät besteht aus zwei Behältern. Der untere Behälter wird mit Wasser gefüllt und das mit Kaffeepulver gefüllte Filterteil aufgesetzt. Dann wird die Kanne umgekehrt aufgeschraubt und die Macchinetta auf den Herd gestellt. Sobald das Wasser kocht, wird die Kanne umgedreht, damit das heiße Wasser durch den gemahlenen Kaffee in die Kanne läuft.

DER KANNENAUFGUSS

Dies ist die einfachste Zubereitungsart von Kaffee. Man benötigt dafür sehr grobes Kaffeepulver. Dieses gibt man in eine Kanne oder einen Krug, übergießt es mit kochend heißem Wasser, rührt einmal um und läßt das Ganze eine Weile ziehen. Dann gießt man den Kaffee durch ein Sieb, um den Kaffeesatz zurückzubehalten.

Shelton-Edelstahl-Kaffeekanne aus den 70er Jahren

ESPRESSO UND CAPPUCCINO

Unter Espresso versteht man einen aromatischen, sehr dunkel gerösteten Kaffee, der schwarz und stark getrunken wird. Vermutlich ist es die schwierigste und unter Umständen auch teuerste Zubereitungsart von Kaffee. Das Wort »espresso« stammt aus dem Italienischen und heißt soviel wie »unter Druck gesetzt«, und in der Tat wird der Kaffee mit Druck zubereitet. Kochendes Wasser und Wasserdampf werden durch den sehr fein gemahlenen Kaffee gedrückt – es sollte nach Möglichkeit ein Kaffee mit relativ wenig Säure sein, so daß ein kenianischer Kaffee weniger geeignet ist. Das Ergebnis ist ein einzigartiger Kaffee, stark und ausdrucksvoll, der lange nachschmeckt. Richtig und gut zubereitet, hat Espresso einen undefinierbaren feinherben Geschmack.

Authentischer Espresso macht nur etwa zehn Prozent des italienischen Kaffees aus, auch wenn er im Prinzip die Grundlage für die restlichen 90 Prozent darstellt: den Cappuccino, der ein Espresso mit aufgeschäumter Milch (oder geschlagener Sahne) ist. Im Idealfall besteht der Cappuccino aus einem Drittel Espresso, einem Drittel Milch und einem Drittel Schaum. Mit dem mittlerweile großen Angebot an Instant-Espresso und -Cappuccino kommen die großen Kaffeehäuser den gestiegenen Kundenwünschen nach Espresso und Cappuccino entgegen.

LINKS: Das kleinste Espresso- bzw. Cappuccinokännchen; RECHTS: Carmencita-Espressokännchen von Lavazza

La Pavoni, eine Espresso- und Cappuccinomaschine aus den 30er Jahren

Ein passabler Cappuccino ist überall zu haben, vermutlich weil er einfacher zuzubereiten ist als ein guter Espresso. Ein wirklich guter Cappuccino ist in der Zubereitung jedoch noch schwieriger als ein Espresso. Jede Tasse muß frisch zubereitet werden, denn nur so entfaltet der Kaffee sein volles Aroma. Im Gegensatz zum Espresso ist beim Cappuccino ein wenig Säure durchaus erwünscht, daher kann man getrost auf Kenia-Kaffee zurückgreifen. Die Milch darf nicht kochen, weil sich sonst ihre chemische Zusammensetzung verändert, was Auswirkungen auf den Geschmack hat. Schokoladenstreusel oder Kakao auf dem Milchschaum verhindern, daß sich auf versehentlich zum Kochen gebrachter Milch eine Haut bildet.

Es gibt im Grunde zwei Arten von Espressomaschinen: Espressomaschinen mit Hebelwirkung und elektrische Espressomaschinen. Bei den Maschinen mit Hebelwirkung wird das heiße Wasser mit hohem Druck (neun Bar) durch den Kaffeefilter gepreßt. Diese Maschinen sind hübsch anzusehen und produzieren unter den geschickten Händen eines *barista* einen vorzüglichen Kaffee. Für weniger Geübte sind sie allerdings nicht zu empfehlen, und auch in den Cafés geht die Tendenz hin zu den vollautomatischen Espressomaschinen, bei denen ein Knopfdruck genügt und man nur noch zu warten braucht, bis die Tasse zu einem Drittel, maximal zu drei Vierteln gefüllt ist. Eine vollautomatische Espressomaschine ist einfach zu bedienen und praktisch. Falls Sie sich eine solche Maschine zulegen möchten, sollten Sie nicht am falschen Ende sparen: Die preiswerten Modelle auf dem Markt erzeugen nämlich nicht genügend Dampf und Druck für einen richtig guten Espresso.

Gaggia-Espressomaschine aus den 30er Jahren

Espressomaschine aus Kupfer und Messing von La Pavoni

Espresso-Cappuccinomaschine »Mark 2« von La Pavoni, die die Milch direkt aus der Packung absaugt und aufgeschäumt in die Tasse leitet.

Krups stellt ebenso wie die Firmen Gaggia, Lavazza, Olympia, Victoria Arduino und Faema Elespren verschiedene Espressomaschinen her. Zu den eindrucksvollsten Exemplaren zählen die Espresso- und Cappuccinomaschinen von La Pavoni. Die Herstellerfirma behauptet, daß ihre Espresso-Cappuccinomaschine stets eine perfekte Schaumkrone, *crema* genannt, erzeugt, unabhängig von der Kaffeesorte und vom Mahlgrad. Einige der obengenannten Hersteller bieten auch Espresso- und Cappuccinomaschinen mit integrierter Kaffeemühle an. Diese Geräte sind nicht gerade billig, aber denken Sie mal darüber nach, wieviel Geld Sie im Laufe der Zeit für Espresso in Cafés ausgeben.

DIE ZUBEREITUNG VON ESPRESSO

Die Zubereitung eines guten Espressos in der eigenen Küche sollte ein Hobby bleiben und nicht in Perfektionismus ausarten. Bedenken Sie aber: Je besser die Qualität Ihrer Maschine, desto besser gelingt anschließend der Kaffee.

Zunächst gilt es, die richtige Kaffeesorte auszuwählen. Espresso-Kaffees stammen zumeist von Arabica-Bohnen. Es emp-

Zubehör für die Zubereitung von Espresso und Cappuccino

— DIE ZUBEREITUNG VON ESPRESSO —

Der gemahlene Kaffee wird mit einem Stößel im Filterkorb festgestampft.

Der schwarze Kaffee fließt zuerst heraus, dann die crema.

Abschalten, bevor der Kaffee bitter und wäßrig wird.

fiehlt sich eine Mischung von säurebetonten Bohnen aus Mittelamerika und vollmundigen Bohnen aus Indonesien. Als nächstes werden die Kaffeebohnen gemahlen. Das Kaffeemehl sollte fein sein, aber nicht pulverartig wie für türkischen Mokka. Entscheidend ist der Mahlgrad des Kaffees: Ist das Kaffeemehl zu grob, schießt der Kaffee dünn und wäßrig aus der Maschine, ist es jedoch zu fein, tröpfelt der Kaffee nur langsam heraus und schmeckt bitter. Pro Tasse Espresso rechnet man anderthalb bis zwei gestrichene Eßlöffel Kaffeemehl.

Auch das Feststampfen der gemahlenen Bohnen im Filterkorb kann Probleme bereiten. Das Kaffeemehl darf nicht so lose sein, daß der Wasserdampf geradewegs durchströmt, es darf aber auch nicht so fest zusammengedrückt werden, daß es fast undurchlässig ist. In einer guten Maschine müssen Sie das Kaffeemehl fest und ziemlich kräftig in die *gruppa* drükken. Anfangs mag es hilfreich sein, die zuvor benutzte *gruppa* in Augenschein zu nehmen, um zu prüfen, ob das Pulver richtig zusammengepreßt wurde.

Sobald der Kaffee aus den Düsen austritt – zunächst der schwarze Kaffee und anschließend die karamelfarbene *crema* – sollte man den Schalter augenblicklich loslassen, denn wenn die Maschine zu lange läuft, wird der Espresso bitter und wäßrig.

Ob ein Espresso gut geraten ist, erkennt man eindeutig an der Beschaffenheit der Schaumkrone. Während der Kaffee in die Tasse fließt, sollte die Oberfläche von einer karamelfarbenen Schicht, der *crema*, bedeckt sein. Sie entsteht beim Durchpressen, wenn sich die Aromaöle im Kaffee mit Wasser und Luft mischen. Die *crema* sollte eine gleichmäßige Farbe haben und 5 mm dick sein. Beim Trinken sollte sie sich wie Sirup am Tassenrand absetzen. Eine dunkelbraune *crema* mit einem weißen Fleck oder einem Loch in der Mitte, durch das der Kaffee durchscheint, ist ein Zeichen dafür, daß der Espresso zu stark ausgelaugt (überextrahiert) wurde und herb und bitter schmeckt. Eine helle *crema* dagegen ist ein untrügliches Zeichen für einen unzureichend gepreßten, dünnen Kaffee, der wäßrig schmeckt.

Die verwendete Kaffeesorte ist eine Frage des persönlichen Geschmacks. Untersuchungen haben gezeigt, daß die

Schöne crema *von gleichmäßiger Farbe*

Dünne crema *eines ausgelaugten Espressos*

Helle crema *eines zu dünnen Espressos*

Leute, die gerne Espresso trinken, nicht identisch sind mit den Liebhabern von sortenreinen Kaffees oder Gourmet-Kaffees. Italienischer Espresso verlangt naturgemäß eine sehr starke Röstung, obwohl auch mittelstark geröstete Bohnen geeignet sind. Solange Sie mit Ihrer Espressomaschine noch nicht vertraut sind, sollten Sie für Espresso gehaltvollere, süßere, stark geröstete Bohnen wählen und die schwach bis mittelstark gerösteten Bohnen für die Cafetière benutzen.

Wußten Sie übrigens, daß vier 25 g-Täßchen Espresso etwa genausoviel Koffein enthalten wie ein Henkelbecher mit herkömmlich aufgebrühtem Kaffee?

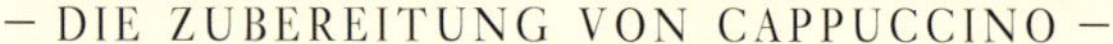

– DIE ZUBEREITUNG VON CAPPUCCINO –

Die Düse mit dem Dampfstrahl in die Milch halten.

Die aufgeschäumte Milch auf den Kaffee geben.

Kakaopulver verhindert, daß sich eine unschöne Haut bildet.

DIE ZUBEREITUNG VON CAPPUCCINO

Sobald der frisch zubereitete Kaffee in der Tasse dampft, wird die Milch erhitzt. Verwenden Sie vorzugsweise homogenisierte, teilentrahmte Milch (1,5 % Fett), da Vollmilch den Kaffeegeschmack zu sehr überdeckt. Auch wenn in manchen Cafés angewärmte Milch oder zumindest Milch von Zimmertemperatur Verwendung findet, weil das Aufschäumen damit nicht so lange dauert wie mit kalter Milch, sollten Sie nach Möglichkeit kalte Milch nehmen. Kalte Milch läßt sich nicht nur besser aufschäumen, der Schaum ist auch kompakter.

Gießen Sie die Milch in einen Becher und halten Sie die Düse des Dampfhahns mit der Unterkante in die Milch. Schaut die Düse zu weit heraus, spritzt die Milch heraus, steckt sie zu tief in der Milch, entstehen zu viele Blasen. Die Milch darf nicht kochen, sollte aber gut durchwärmt sein. Im Idealfall erhalten Sie einen Schaum aus vielen kleinen Bläschen, die nicht so schnell zusammenfallen wie große Blasen. Große Blasen läßt man aufplatzen oder zersticht sie.

DIE TASSEN

Angenommen, Sie besitzen eine wunderbare Espressomaschine auf dem neuesten Stand der Technik und verwenden perfekt gemahlene, frisch geröstete Bohnen, doch der fertige Kaffee entspricht nicht Ihren Erwartungen: Die *crema* hat nicht die samtene, cremige Beschaffenheit. Das könnte daran liegen, daß die Tasse zu kalt war. Tassen sollten daher nach Möglichkeit umgedreht auf der Espressomaschine aufbewahrt werden, damit sie gut angewärmt sind, wenn der Kaffee hineinläuft. Die Puristen unter den Kaffeetrinkern akzeptieren übrigens nur dünne Porzellantassen.

Kaffee schmeckt am besten aus vorgewärmten Porzellantassen oder -bechern.

ESPRESSO UND CO.

- **Espresso ristretto** entsteht durch vorzeitiges Ausschalten der Maschine, das heißt, die Durchlaufzeit ist kürzer und der Kaffee somit dicker und aromatischer.
- **Doppio** die »doppelte« Menge Espresso
- **Americano** ein normaler Espresso, der mit heißem Wasser verdünnt wird
- **Caffè latte** frisch zubereiteter Espresso mit dampferhitzter Milch (65 bis 76 °C). Diese Kaffeespezialität ist in der Regel von einer 5 mm starken Haube aus Milchschaum gekrönt und wird nach Belieben mit Schokolade oder Zimt bestreut.
- **Espresso macchiato** ein »gefleckter Kaffee«, zubereitet aus Espresso mit einem Schuß Milch
- **Latte macchiato** ein Glas heiße Milch mit einigen Tropfen Espresso
- **Espresso romano** ein Espresso mit einem Streifen Zitronenschale, der am Rand aufgesteckt wird.
- **Con panna** ein Espresso mit einem Löffel gekühlter Schlagsahne
- **Caffè Mocha** besteht aus einem Drittel Espresso, einem Drittel heißer Schokolade und einem Drittel dampferhitzter Milch, wobei die Zutaten in genau dieser Reihenfolge in eine Tasse gegeben werden. Variation: Ein Schuß Mokkasirup wird mit einem Täßchen Espresso und aufgeschäumter Milch aufgefüllt und anschließend nach Belieben mit Sahne und Kakaopulver serviert.

Caffè latte

Der Kauf

Seinen Anfang nahm der Kaffee als »sortenreiner« Original- oder »Gourmet«-Kaffee, und er stammte ausschließlich von einer bestimmten Plantage. Mit dem Ausbau der Handelsbeziehungen kam jedoch das Mischen der Bohnen verschiedener Herkunft auf, und obwohl die besten Kaffees einer Plantage oder ein sortenreiner Kaffee aus einer bestimmten Anbauregion »pur« getrunken werden können, ist Kaffee heutzutage fast immer eine Mischung aus verschiedenen Bohnen – vergleichbar mit den Verschnitten bei alkoholischen Getränken. Manche Leute vertreten sogar die Ansicht, daß erst die Komposition der einzelnen Kaffeesorten mit ihren jeweiligen Besonderheiten einen wirklich guten Kaffee ausmacht: die erlesene Säure des einen, das blumige Aroma des anderen und die schwere Geschmacksfülle des dritten, und all das gipfelt, um es mit den Worten Florence Fabricants zu sagen, in »einem Getränk, das bis zum letzten Tropfen schmeckt«.

Es gab Zeiten, in denen das Mischen einer Kunstform gleichkam, doch im großen und ganzen geschieht es aus kommerziellen Erwägungen. Robusta-Kaffee wird mit Arabica-Kaffee gemischt, weil sich auf diese Weise der Preis für Arabica-Bohnen senken läßt.

Die Parole beim Mischen lautet: Beständigkeit. Alle großen Kaffeefirmen bemühen sich um Kaffee mit gleichbleibender Qualität und dem gewohnten Geschmack, und einige dieser Kaffees sind wirklich exzellent, zum Beispiel Paulig aus Finnland, Gevalia, Zeogas und Avid Norquist aus Schweden und Douwe Egberts aus den Niederlanden.

Als Einführung in den Kaffeegenuß empfiehlt sich eine Frühstücksmischung, die von allen guten Röstereien angeboten wird. Eine solche Frühstücksmischung besteht oft aus

Eine Auswahl aus dem umfangreichen Sortiment von Douwe Egberts

afrikanischen Kaffees und wird gern mit Milch getrunken. Es kann sich aber auch um eine Mischung aus zwei mittelstarken Röstungen von kenianischem und kolumbianischem Kaffee handeln, die einen anregenden Frühstückskaffee liefern. Eine Mischung, die gern nach dem Essen getrunken wird, enthält meist Kaffeesorten gleicher Herkunft, ist jedoch in der Regel stärker geröstet und schmeckt dementsprechend kräftiger. Ein besonders kraftvoller, aber geschmacklich ausgewogener Kaffee nach dem Essen wäre zum Beispiel eine Mischung aus einem voll ausgereiften indonesischen Kaffee, der durch einen Hauch von kenianischem und costaricanischem Kaffee mehr Rasse und Eleganz erhält.

Nichts spricht dagegen, daß Sie Ihre eigenen Mischungen zusammenstellen. Allerdings empfiehlt es sich nicht, Gegensätze wie einen äthiopischen Mokka und einen Sumatra-Kaffee zu mischen. Das charakteristische Aroma der äthiopischen Bohnen, das oft als »weinig« bezeichnet wird, verwischt den klaren, kräftigen Geschmack der Sumatra-Bohnen. Es gibt jedoch keinen Grund, warum man nicht einen Sumatra-Kaffee mit einem guten kolumbianischen Kaffee kombinieren oder einen Kaffee mittlerer Röstung mit stark gerösteten Bohnen anreichern sollte.

Bei einer Auswahl zwischen 15 oder 20 Kaffeesorten entscheidet zunächst der persönlichen Geschmack, doch darüber hinaus zahlt es sich aus, erfahrene Kaffeehändler und -spezialisten um Rat zu fragen. David Higgins von der H.R. Higgins Ltd. in der Londoner Duke Street ist ein solcher Kaffeespezialist, und er empfiehlt folgendes: »Wer einen milden und nicht zu bitteren Kaffee sucht, sollte am besten mit Arabica-Bohnen beginnen, zum Beispiel mit einem kolumbianischen Kaffee oder einem tansanischen Chagga, auch wenn der Chagga etwas mehr Säure enthält. Bei kräftigeren Kaffees ist der Röstgrad ausschlaggebend. Einige Kaffeesorten, insbesondere die milden Sorten aus Brasilien und Costa Rica, vertragen eine sehr starke Röstung und schmecken vollmundig, aber nicht bitter. Gibt man jedoch Robusta-Bohnen dazu, verliert die Mischung ihre sanfte Milde und schmeckt kräftiger. Man kann mit verschiedenen Mischungen verschiedene Geschmacksnuancen und Charaktere erzeugen. Ein gutes Beispiel ist eine Mischung aus Chagga, Java und Mokka, die die kräftige Geschmacksfülle des Java, die dezente Säure des Chagga und das ausgesprochen würzige Aroma des Mokka vereint.«

DIE BEHANDLUNG DER BOHNEN

Ideal wäre es, nur kleine Mengen Rohkaffee zu kaufen, diese grünen Bohnen dann selbst zu rösten und erst unmittelbar vor der Zubereitung eines Kaffees zu mahlen. In der Regel sind jedoch die meisten von uns gezwungen, fertig geröstete Bohnen in größeren Mengen zu kaufen.

Bedenken Sie bei der Lagerung von Kaffeebohnen, daß Wasser ihnen am meisten zusetzt. Die ätherischen Öle sind wasserlöslich, und sie sind es, die uns den Kaffeegenuß in der Tasse bescheren. Bewahren Sie Kaffee also nicht im Kühlschrank auf, denn bei jedem Öffnen der Kühlschranktür kondensiert Feuchtigkeit auf dem Kaffeebehälter.

SORTENREINE KAFFEES — AUS ALLER WELT —

SÜDAMERIKA

BRASILIEN	Der Marktführer Brasilien produziert vorwiegend Kaffeesorten, die weich und mild im Geschmack sind. Die beste Sorte, der Santos aus der Region um São Paulo, ist ausgesprochen mild ohne jede Spur von Bitterkeit.
KOLUMBIEN	Von hier kommen Kaffees mit kraftvollem Körper, mild und samtig, mit dezenter Säure und leicht nussig im Geschmack.

MITTELAMERIKA

COSTA RICA	Kaffee aus Costa Rica ist mild mit feiner Säure. Die besten wachsen in der Region um Tarrazu.
GUATEMALA	liefert vielseitigen Kaffee: Stark geröstet entfalten die Bohnen ein kraftvolles Aroma mit leicht rauchigem Charakter.
PUERTO RICO	exportiert Kaffees mit schwerer Geschmacksfülle, die zunehmend an Popularität gewinnen.

KARIBIK

JAMAICA	Blue Mountain-Kaffee wird auf Hochlagen von etwa 1500 m angebaut. Er ist extrem teuer, aber gleichzeitig berühmt für seine Milde und seine erlesene Säure.

SORTENREINE KAFFEES —AUS ALLER WELT—

OSTAFRIKA	
KENIA	Kenianischer Kaffee ist der feinste auf dem ostafrikanischen Markt und berühmt für seinen aromatischen und feinherben Geschmack.
TANSANIA	Tansanischer Kaffee enthält weniger Säure als kenianischer Kaffee. Besonders empfehlenswert ist der Chagga.
WESTAFRIKA	
KAMERUN & ELFENBEIN-KÜSTE	Von hier kommen kräftige, recht bittere Robusta-Kaffees, die oft in Espresso-mischungen Verwendung finden.
ÄTHIOPIEN	Äthiopischer Mokka hat ein würzig kräftiges Aroma und eine schokoladig schwere Fülle. Der Harrar Longberry schmeckt leicht nach schwarzer Johannisbeere.
INDIEN UND INDONESIEN	
MYSORE	Mysore-Kaffee besticht durch seinen milden, weinigen Geschmack.
JAVA	Ein Kaffee von erlesener, schwerer Geschmacksfülle. Vor der Röstung läßt man ihn gut ausreifen, wodurch er sein einzigartiges Aroma entwickelt.
SUMATRA	Im Vergleich zu Java-Kaffee besitzt der Sumatra eine sehr feine Säure.

Kaffee ist – luftdicht verpackt – besser im Gefrierfach aufgehoben. Geröstete Bohnen, die länger als eine Woche aufbewahrt werden, sollten unbedingt tiefgefroren werden. Die Bohnen müssen vor Gebrauch nicht erst auftauen, sie können direkt gemahlen werden.

Der zweitgrößte Feind des Kaffees ist Sauerstoff. Die flüchtigen Aromastoffe verbinden sich mit Sauerstoff, was Geschmackseinbußen zur Folge hat. Deshalb ist es so wichtig, die Bohnen erst unmittelbar vor der Kaffeezubereitung zu mahlen. Gemahlener Kaffee hat eine wesentlich größere Oberfläche, und wenn diese der Luft ausgesetzt wird, verdunsten die ätherischen Öle, und die wertvollen Aromastoffe verflüchtigen sich.

Kaffee sollte niemals in der Nähe von geruchsintensiven Produkten gelagert werden. Wie Tee nimmt auch Kaffee rasch andere Düfte und Aromen an. Bewahren Sie Ihren Kaffee daher in einer sauberen, luftdicht schließenden Dose auf, die ausschließlich Kaffee vorbehalten ist.

Falls Sie Kaffee über den Versandhandel beziehen, kaufen Sie immer nur kleine Mengen. Obwohl Sie durch die Abnahme größerer Mengen Geld einsparen, bedingen die Aromaverluste letztendlich eine Wertminderung des Kaffees.

DIE VERPACKUNG

Je frischer die Bohnen sind, desto aromatischer schmeckt der Kaffee. Kaffeehändler tun deshalb alles nur Erdenkliche, um die frisch gerösteten Bohnen vor der Einwirkung von Luft, Hitze, Licht und Feuchtigkeit zu schützen, da alle diese Faktoren den Geschmack beeinträchtigen.

Sowohl in Europa als auch in den Vereinigten Staaten ist die Verpackung des Kaffees zum Problem geworden. Nicht nur, daß jetzt in vielen Ländern strikte Vorschriften zur Verwendung recyclingfähiger Materialien in Kraft treten, manche Mitgliedstaaten der Europäischen Union machen inzwischen sogar Auflagen zur Art des jeweiligen Verpackungsmaterials. Beispielsweise ist das früher sehr gebräuchliche Aluminium mittlerweile in der Gunst gefallen. Bringt man dies in Zusammenhang mit dem gestiegenen Bewußtsein der Konsumenten für die Kosten, die der Wirtschaft und der Umwelt durch überflüssige Verpackung entstehen, dann ist es verständlich, warum viele Kaffeeröstereien so viel Zeit und Mühe darauf verwenden, ihre Verpackungspolitik zu überdenken.

In der Einweg-Schlauchtüte bleiben die Bohnen länger frisch als in der traditionellen Kaffeetüte aus Papier.

So war die Firma Paulig in Finnland Vorreiter bei der Verwendung eines speziell beschichteten Verpackungsmaterials, und das Unternehmen schätzt, daß es durch den Verzicht auf den Umkarton etwa 1100 Tonnen Karton jährlich einspart. Beschichtete Verpackungen reduzieren zudem die Transportkosten.

Das US-amerikanische Unternehmen Allegro Coffee verwendet spezielle Einweg-Schlauchtüten für ihre röstfrischen Bohnen. Starbucks benutzt dickwandige Kaffeetüten mit »Aromaschutz«, worin die Bohnen innerhalb von zwei Stunden nach der Röstung verpackt werden. Jede Tüte ist mit einem speziellen Ventil versehen, durch das Kohlendioxid, das von den röstfrischen Bohnen freigesetzt wird, entweichen, Sauerstoff aber, der den Bohnen das Aroma nimmt, nicht eindringen kann. Wie auch immer die Verpackung beschaffen ist, nach dem Öffnen muß der Kaffee kühl, trocken und luftdicht aufbewahrt werden.

AROMATISIERTE KAFFEES

Amerikanische Konsumenten haben die Auswahl zwischen mehr als hundert aromatisierten Kaffees, von denen einige Sorten inzwischen auch mit großem Erfolg in andere Länder eingeführt worden sind. Auch Tchibo hat drei aromatisierte Kaffees im Sortiment. Der Trend zu aromatisierten Kaffees begann in den 70er Jahren in den Vereinigten Staaten. Zu diesem Zweck werden die Bohnen – zumeist preiswertere Sorten – mit Trägerölen besprüht und nach dem Rösten mit Aromastoffen ergänzt.

Beliebte Geschmacksrichtungen sind Schokolade, Mokka, Amaretto und Vanille. Orangenlikör und Nußaromen sind ebenfalls erhältlich, auch wenn echte Kaffeeliebhaber über Kaffee mit Himbeer-, Bananen- und Sahnegeschmack vermutlich die Nase rümpfen. Relativ neu für westliche Gaumen ist ein mit Kardamom aromatisierter Kaffee, der im Mittleren Osten seit alters her bekannt ist. In Mexiko ist dagegen Zimt der traditionelle Kaffeezusatz. Kleinere Kaffeegeschäfte und ausgesprochene Kaffeekenner haben oft das Problem, daß sie

Zu den beliebtesten Aromazutaten für Kaffee zählen Vanille, Kokosnuß, Muskatnuß, Orange, Schokolade, Zitrone, Minze und Zimt.

für aromatisierten Kaffee eine separate Mühle benötigen, denn die Mahlrückstände beeinträchtigen den Geschmack der nicht-aromatisierten Bohnen, die im Anschluß daran gemahlen werden. Es kann daher sinnvoll sein, zusätzlich eine kleinere, preiswertere Mühle anzuschaffen, wenn Sie ein Faible für diese exotischen Geschmacksnoten entwickeln. Oder aber Sie lassen den aromatisierten Kaffee gleich im Kaffeegeschäft mahlen.

MILCH

Die meistverwendete Geschmackszutat in Kaffee ist Milch. In Ländern wie dem Jemen, Äthiopien und der Türkei wird traditionell auf Milch im Kaffee verzichtet, und natürlich wird auch Espresso grundsätzlich ohne Milch getrunken.

Mitte der 80er Jahre dieses Jahrhunderts tranken 57 Prozent der US-Bürger und 81 Prozent der Deutschen ihren Kaffee mit Milch. Diese Zahlen sind insofern interessant, als deutscher Kaffee bei weitem besser ist als amerikanischer. Weitaus überraschender ist jedoch die Tatsache, daß 27 Prozent der US-Kaffeetrinker und 43 Prozent der deutschen Kaffeetrinker ihren Kaffee süßten.

Da das in Vollmilch enthaltene Fett die feinen Geschmacksnuancen des aufgebrühten Kaffees überdeckt, sollte man nach Möglichkeit teilentrahmte oder fettarme Milch verwenden. Diese sollte behutsam erhitzt werden, weil heiße, nicht aber gekochte Milch den Kaffee schön samtig macht.

Milchkaffee

KAFFEE MIT ODER (FAST) OHNE KOFFEIN?

Wer behaupet, daß entkoffeinierter Kaffee anders schmeckt, hat nur bedingt recht. Abgesehen von einem sehr dezenten Bittergeschmack schmeckt Koffein eigentlich nach nichts. Der Kaffee schmeckt nur dann anders, wenn außer Koffein einer der anderen Inhaltsstoffe, die den Kaffeegenuß ausmachen, entzogen wird.

Grüne Bohnen, die entkoffeiniert werden sollen, bringt man in die Schweiz oder nach Deutschland. Von dort wird der behandelte Kaffee zu den Großröstereien in der ganzen Welt exportiert. Es ist also gut möglich, daß ein Kaffee aus Mexiko zum Entkoffeinieren in die Schweiz kommt und nach der Behandlung wieder verschifft wird, bis er dann schließlich bei einem Röster in San Diego landet.

Das erste brauchbare Verfahren zur Entkoffeinierung erfolgte mit Lösungsmitteln. Später übernahm die Industrie ein Verfahren, das mit Methylenchlorid (auch bekannt als Dichlormethan) arbeitete und den Vorteil hatte, daß die anderen Aromastoffe anscheinend nicht entzogen wurden. Weil Methylenchlorid aber mit der Zerstörung der Ozonschicht in Verbindung gebracht wird, ist der Einsatz dieses Stoffes seit 1995 in Europa verboten.

Das schweizerische Wasserverfahren arbeitet ausschließlich mit Wasser und Kohlefiltern. Ein Wasserbad entzieht den Bohnen das Koffein und alle wasserlöslichen Stoffe. Durch Aktivkohlefilter wird dem Wasser das Koffein wieder entzogen. Dann kommen die Bohnen zum Trocknen in einen Tank, und das Wasser, das noch sämtliche Aromastoffe enthält, wird zu einem Aromakonzentrat eingedampft und auf die Bohnen aufgesprüht.

Entkoffeinierter Kaffee

Wer weniger Koffein zu sich nehmen möchte oder muß, der sollte halb und halb trinken – entkoffeinierten Kaffee mit normalem Bohnenkaffee gemischt.

Kaffeegenuss in aller Welt

Auch beim Kaffee haben sich die Geschmäcker in den letzten Jahren verändert, jedoch nirgendwo so deutlich wie in den Vereinigten Staaten. Kaffee-Enthusiasten hegen die Hoffnung, daß Europa diesem US-amerikanischen Trend zu sortenreinen Kaffees oder ausgesuchten Raritäten aus einem bestimmten Anbaugebiet folgen wird. In Europa wird Kaffee gewöhnlich als fertige Mischung oder als Kaffee einer bestimmten Provenienz angeboten. Diese fertigen Mischungen garantieren Kaffee in gleichbleibender Qualität – ein annehmbares Produkt für alle Tage – können sich aber nicht mit einer Tasse echtem Yauco Selecto oder Kona messen, und aus diesem Grund haben diese und andere Kaffeeraritäten und -spezialitäten eine große Zukunft vor sich.

Wiener Kaffeehaus, wo man lesen, schreiben oder einfach nur gemütlich sitzen kann.

FRANKREICH

In Frankreich werden jährlich rund 180 000 Tonnen Kaffee konsumiert. Im großen und ganzen bevorzugen die Franzosen ihren Kaffee etwas »schwächer« als zum Beispiel die Italiener, und meist verwenden sie einen Kaffee mittlerer Röstung, der grob gemahlen nach dem Aufgußverfahren zubereitet wird.

Im nordfranzösischen Lille, einem Knotenpunkt wichtiger Transportwege, ist das Unternehmen Café Méo ansässig, das in den 30er Jahren dieses Jahrhunderts von einer flämischen Familie namens Meauxsonne, abgekürzt Méo, gegründet wurde. Angeboten wird nur Kaffee aus 100 Prozent Arabica-Bohnen in verschiedenen Qualitäten, darunter Méo Dégustation (Kaffees aus Brasilien, Mittelamerika, Äthiopien und Indien), Méo Gastronomique (Kaffees aus Brasilien, Kolumbien und Mexiko) und Prestige (bester Santos, Kenya AA, Spitzenqua-

Das Sortiment von Café Meo umfaßt (VON LINKS NACH RECHTS): *äthiopischen Mokka, Espresso und die Spitzenqualität Prestige*

litäten aus Äthiopien, Guatemala und Costa Rica). Hinzu kommen sortenreine Kaffees aus Kolumbien, Brasilien und Äthiopien. Zum reichhaltigen Sortiment gehören auch andere Kaffeeprodukte, die allesamt über die firmeneigene Ladenkette (22 Filialen, 15 davon in der Region Lille, die restlichen in Paris) vertrieben werden. Einige Méo-Filialen sind mit Röstmaschinen ausgestattet und führen das ganze Sortiment an Kaffeespezialitäten sowie Schokolade und edle Weine.

Kaffeeplakat von Van Ysendyk aus dem Jahr 1925

FINNLAND

Mit rund 5,7 Millionen Kaffeetrinkern, die jährlich 12 kg Rohkaffee pro Kopf konsumieren, ist Finnland weltweit führend im Kaffeeverbrauch. Finnische Konsumenten sind sehr qualitätsbewußt, und löslicher Kaffee macht nur einen einzigen Prozentpunkt des Gesamtverbrauchs aus.

Die finnischen Röstereien importieren ausschließlich Arabica-Bohnen aus Kolumbien (40 Prozent), Brasilien (20 Prozent), Costa Rica, Guatemala, Nicaragua und Mexiko (20 bis 25 Prozent) sowie Kenia (10 bis 15 Prozent). Führendes Unternehmen mit 40 Prozent Marktanteil ist der Familienbetrieb Gustav Paulig. Im Jahr 1990 stammten etwa 29 Prozent seines Kaffeeimports aus Brasilien, 28,6 Prozent aus Kolumbien, 12,4 Prozent aus Costa Rica, 10,8 Prozent aus Guatemala und 7,2 Prozent aus Kenia. Paulig, der weder löslichen noch entkoffeinierten Kaffee anbietet, hat sich auf hell geröstete und fertig gemahlene Bohnen spezialisiert. Das zweitgrößte Unternehmen der Branche ist Meira mit einem Marktanteil von etwa 31 Prozent.

Das Kaffeesortiment edler Mischungen von Paulig: Juhla Mokka, Gustav Paulig und Presidentti

DEUTSCHLAND

Der führende Kaffeeproduzent ist Jacobs Kaffee, ein 1885 in Bremen gegründetes Unternehmen. Im Jahr 1970 schlossen sich Suchard und Tobler zu Interfood zusammen, das sich 1982 wiederum mit Jacobs zu Jacobs Suchard zusammenschloß. Seit Juni 1990 gehört Jacobs Suchard dem amerikanischen Multi General Foods, einer Tochterfirma von Philip Morris. Danach verkaufte Klaus J. Jacobs seinen Anteil von Jacobs Suchard an Kraft. Das Unternehmen, das heute Kraft Jacobs Suchard (KJS) heißt, ist nach Nestlé und Unilever der drittgrößte Lebensmittelkonzern Deutschlands.

Bezogen auf die Gesamtmenge hat Deutschland (nach den USA) weltweit den zweithöchsten Kaffeeverbrauch, nach dem Pro-Kopf-Verbrauch liegt es jedoch an achter Stelle (und damit noch vor den USA). Im Jahr 1997 lag der Pro-Kopf-Verbrauch bei 6,7 kg Rohkaffee. Im Durchschnitt trinken die Deutschen jeden Tag knapp vier Tassen Kaffee. Der größte Kaffeelieferant ist Kolumbien, gefolgt von Brasilien. Der in

Café Auslese von Melitta – ein vorzüglicher Frühstückskaffee

Deutschland bevorzugte Kaffee ist mittelhell geröstet und grob gemahlen. Der Espressoanteil ist derzeit gering, jedoch im Wachsen begriffen.

Der Marktanteil von KJS bei geröstetem und gemahlenem Kaffee liegt in Deutschland bei 25 Prozent, außerdem besitzt der Konzern viele kleinere Kaffeefirmen in Europa, darunter Gevalia in Schweden, die zu den drei weltbesten Herstellern von aromafrischen Kaffeemischungen zählen soll. Der von KJS benötigte Rohkaffee wird größtenteils von Taocac eingekauft, einem im schweizerischen Zug angesiedelten konzerneigenen Unternehmen, das aber ansonsten unabhängig ist.

Die Röstereien von KJS und General Foods sind weltweit die größten. Die dort gerösteten Bohnen werden überwiegend zu löslichem Kaffee weiterverarbeitet, der in Deutschland etwa zehn Prozent des Gesamtumsatzes an Kaffee ausmacht (im Vergleich dazu beträgt er in Frankreich und in der Schweiz 30 Prozent und sogar 80 Prozent in Großbritannien).

Neben dem Marktführer KJS teilen sich folgende Unternehmen den Rest des Marktes: Tchibo (18 Prozent), Aldi (15 Prozent), Eduscho (zwölf Prozent), Melitta (sechs Prozent), Dallmayr (4,5 Prozent) und Darboven (2,3 Prozent).

BELGIEN

Der führende Kaffeeröster und -anbieter in Belgien ist Rombouts. Weitaus interessanter sind allerdings die kleineren Unternehmen wie beispielsweise Café Knopes, das sein Sortiment über zwei Läden vertreibt. Das Angebot umfaßt kolumbianischen Supremo, kenianischen AA, äthiopischen Sidamo und Harrar, guatemaltekischen Maragogype Superior, hawaiischen Kona, jamaikanischen Blue Mountain, Kaffeeraritäten aus Papua-Neuguinea, indischen Monsun-Kaffee, Yauco Selecto aus Puerto Rico und venezolanischen Táchira.

Café Knopes vertreibt außerdem ein ungewöhnliches Sortiment unter dem Namen *Dix Grands Cafés du Monde* (Zehn große Kaffees der Welt). Dazu zählen Kaffees aus Brasilien, Kolumbien, Costa Rica, Kenia, Papua-Neuguinea, Indonesien, Guatemala, Mexiko und Äthiopien. Dieses Sortiment ist nicht nur ein erlesenes Geschenk für jeden interessierten Kaffeetrinker, sondern bietet gleichzeitig allen Liebhabern von gutem Kaffee die Möglichkeit, vielfältige Geschmacksnuancen von Kaffeeraritäten kennenzulernen.

ITALIEN

Die Italiener trinken im Jahr 33 Millionen Tassen Kaffee, was umgerechnet auf den Pro-Kopf-Verbrauch eine Menge von immerhin 600 Tassen ergibt. Die ersten professionellen Espressomaschinen der Welt wurden Anfang des 20. Jahrhunderts in Mailand hergestellt, doch erst in den 30er Jahren entwickelte Francesco Illy eine Espressomaschine, die statt Dampf Druckluft durch das Kaffeepulver preßte. 1945 erfand der Italiener Achille Gaggia die Espressomaschine mit Hebelwirkung. Die Espressozubereitung gewährleistet ein Höchstmaß an Aroma und Körper, und das Kaffeepulver wird dabei so schnell extrahiert, daß der Kaffee in der kurzen Durchlaufzeit weder bitter noch zu stark ausgelaugt wird.

Mit einer Espressomischung von Lavazza liegt man immer richtig.

Espressowerbung von V. Ceccauti um 1900

Der italienische Marktführer ist mit 45 Prozent Anteilen Lavazza. Neben dem reichen Sortiment an gemahlenem Kaffee und Bohnen – ebenfalls erhältlich in Österreich, Frankreich, Deutschland, Großbritannien und den USA – stellt das Unternehmen auch Espressomaschinen her. Im Süden des Landes ist die neapolitanische Firma Kimbo marktbeherrschend. Das meistgekaufte Kaffeeprodukt in Rom ist Classi Caffè Circi, gefolgt von Peru, Illycaffè und Iacocaffè. Allem Anschein nach bevorzugen die Norditaliener einen heller gerösteten Kaffee als die Süditaliener.

Eines der führenden Unternehmen im Bereich Küchendesign ist Alessi, das in den 20er Jahren im norditalienischen Crusinallo gegründetet wurde. Der Besuch im firmeneigenen

Ladengeschäft ist ein Muß für alle, die an den verschiedenen Arten der Kaffeezubereitung und Serviermöglichkeiten interessiert sind.

In Rom produziert die Firma Nuova Point täglich 15 000 Espressotassen und -untertassen. Wenn Sie sich jemals in einer italienischen Espressobar aufgehalten haben, wird Sie diese Zahl kaum überraschen. Die durchschnittliche Lebensdauer einer Tasse mit Untertasse beträgt in einer stark frequentierten städtischen Espressobar schätzungsweise drei Monate. Die von Nuova Point hergestellten Tassen haben genau die richtige Größe, Zucker und Kaffeesatz setzen sich am Boden ab, und die Henkel sind bequem zu fassen.

JAPAN

In Tokio kann man für eine Tasse Kaffee gut und gerne 85 DM ausgeben. Dafür bekommt man dann in der Regel einen jamaikanischen Blue Mountain in hauchdünner Porzellantasse serviert. Blue Mountain-Kaffee ist ausgesprochen hochpreisig und wird gern zu Neujahr verschenkt. Japan ist das einzige Land der Welt, das einen offiziellen Tag des Kaffees begeht, und zwar am 1. Oktober.

Espresso wird in Japan kaum getrunken, weil die Japaner helle Röstungen bevorzugen. Hinzu kommt, daß Milch und Milchprodukte bei den Japanern weniger beliebt sind als in Europa und somit kaum Interesse an Cappuccino besteht.

Kaffee aus der Dose, sowohl heiß als auch kalt, steht dagegen hoch im Kurs. Eine der meistverkauten Marken ist Kilimanjaro, ein aus tansanischen Bohnen hergestelltes Getränk. Zwischen 1992 und 1993 wurde in Japan Dosenkaffee im Wert von etwa 5,6 Milliarden Dollar (9,5 Milliarden Mark) umgesetzt, und dies zu einer Zeit, als das Rohkaffee-Aufkommen auf dem Weltmarkt, die japanischen Importe eingeschlossen, sechs Milliarden Dollar (10,2 Milliarden Mark) betrug.

SCHWEDEN

Die marktführenden Röstereien in Schweden sind Gevalia (General Foods AB) mit einem Anteil von 30 bis 35 Prozent, gefolgt von Cirkel AB (20 bis 25 Prozent), ICA Eosteri AB (15 Prozent), Anders Lofberg AB (15 Prozent), Zeogas Kaffe AB (zehn Prozent) und Arvid Norquist (fünf Prozent).

GROSSBRITANNIEN

England ist in erster Linie eine Nation von Teetrinkern und liegt im Teeverbrauch nach Irland an zweiter Stelle. Beim Kaffee entfallen laut Statistik 80 Prozent des Konsums auf Instantkaffee, was für echte Kaffeeliebhaber kaum nachzuvollziehen ist. Der Multi General Foods kam kürzlich zu dem Ergebnis, daß die Verkaufszahlen für Kaffee in Großbritannien etwa 560 Millionen Pfund (952 Millionen Mark) betrugen (und damit um 100 Millionen Pfund höher lagen als beim Tee), wobei schätzungsweise elf Prozent auf die Spitzenqualitäten entfielen.

Eins der führenden Unternehmen im britischen Kaffeegeschäft ist H. R. Higgins. Mitten im Zweiten Weltkrieg eröffnete Harold Higgins 1942 ein Kaffeegeschäft in der Londoner South Molton Street Nr. 43. Der Laden verfügte über einen eigenen Röstapparat und einen vom Ministerium für Ernährung streng zugeteilten Vorrat an Kaffeebohnen. Obwohl Kaffee während des Krieges nicht rationiert war, standen nur begrenzt Vorräte zur Verfügung, und die Auswahl war eher gering. Higgins wurde später von seinem Sohn Tony und seiner Tochter Audrey tatkräftig unterstützt.

David Higgins von H. R. Higgins Ldt., Spezialkaffeehandel

Mit dem Aufkommen der Kaffeebars in den Großstädten gewann auch der Kaffee immer mehr Freunde, insbesondere unter jüngeren Leuten. Tee wurde zunehmend mit der älteren Bevölkerung in Verbindung gebracht, während Kaffee als Getränk der weltoffenen Jugend galt. Die blitzenden Espressomaschinen aus Messing und Glas, die die Italiener eingeführt hatten, paßten gut zu dem aufkeimenden Gefühl von Rebellion, das unter den Jugendlichen herrschte.

Der Kaffeebedarf in Großbritannien wird seit jeher über den Versandhandel gedeckt, und auch Higgins vertreibt alle seine Produkte auf diesem Weg. Das ursprüngliche Geschäftslokal gehört nun zu einer Ladenzeile und beherbergt Designermode, doch Higgins hat ein neues Lokal in der Duke Street (Mayfair) gefunden. Das Unternehmen, das von der Queen zum königlichen Hoflieferanten für Kaffee ernannt wurde, röstet die Kaffeebohnen inzwischen nicht mehr im Laden, sondern in einem eigenen Röstbetrieb außerhalb von London. Das Londoner Geschäft hat im Souterrain ein Café, das ausschließlich Tee und Kaffee serviert. Zu jeder ausgeschenkten Tasse gibt es zwei Kekse gratis. Der Laden im Erdgeschoß ist dem traditionellen Stil des ersten Ladens – etwas dunkel und düster – nachempfunden, und die Kaffeepackungen sind wie in alten Zeiten mit einem Bindfaden verschnürt.

Außenansicht des Ladenlokals in der Londoner Duke Street (Mayfair)

Der Espressomarkt verzeichnete in den letzten Jahren große Zuwachsraten. Der Umsatz stieg bereits im Jahr 1993 um 17 Prozent, und Lavazza als führender Hersteller von Espresso ist kräftig dabei, in Großbritannien zu expandieren, und zwar auch auf dem Markt für Röstkaffee und gemahlenen Kaffee.

USA

Der Kaffee, der heutzutage in den Vereinigten Staaten getrunken wird, stammt größtenteils aus Brasilien, Mexiko, Kolumbien und Guatemala. Obwohl die US-Amerikaner im allgemeinen keine qualitätsbewußten Kaffeetrinker sind, besteht ein großer und stetig wachsender Markt speziell für Gourmet-Kaffees. In den 60er Jahren sah die Situation noch ganz anders aus: Da wurde der Markt durch ein großes Angebot

Typischer Espresso-Cappuccino-Wagen in Seattle

minderwertiger Kaffees von einigen wenigen Lieferanten gesättigt.

Für die Hersteller von Gourmet-Kaffee stellt sich unter anderem das Problem, daß Espresso nicht die beste Zubereitungsform ist, um einen Gourmet-Kaffee zu genießen, denn ein solcher Kaffee schmeckt besser, wenn er eine längere Durchlaufzeit hat.

Espresso ist jedoch der am häufigsten angebotene Kaffee, was sich an der immensen Zunahme der mobilen Espresso-Verkaufswagen zeigt. Eine solche Verkaufsstation erfordert kaum Aufwand und leider auch nicht die meiste Erfahrung. Vor allem in Kalifornien findet man diese mobilen Espresso-Cappuccino-Bars mittlerweile zuhauf, was vermutlich am dortigen guten Wetter liegt. Diese fahrbaren Espressostände bieten einen schnellen Service, häufig an der nächsten Straßenecke, aber auch in den großen Einkaufszentren. Espresso und

Cappuccino werden in weißen Pappbechern mit Plastikdeckel ausgeschenkt und können so auch im Weitergehen getrunken werden.

Die Espressobohnen in den Vereinigten Staaten verlangen eine stärkere Röstung, weil die US-amerikanischen Verbraucher ihren Espresso aus 100 Prozent Arabica-Bohnen wünschen. In Italien und Frankreich dagegen beträgt das Verhältnis von Arabica zu Robusta meist etwa 80 zu 20. Werden Arabica-Bohnen zu schwach geröstet, enthält der trinkfertige Kaffee zuviel Säure. Um dieses Zuviel an Säure auszugleichen, werden die Bohnen in der Regel extrastark geröstet.

Geschmacklich ausdrucksvollere Kaffees erfreuen sich in den USA immer größerer Beliebtheit, und dieser Trend zeichnet sich in der Vorliebe für stärker geröstete Bohnen ab. Einige Kaffeekenner bedauern diese Entwicklung, da es immer schwieriger wird, die Nuancen aus dunkel gerösteten Bohnen herauszuschmecken.

Man geht davon aus, daß die Nachfrage nach Gourmet-Kaffee weiter steigen wird, zumindest bis zur Jahrtausendwende, und die Experten der Specialty Coffee Association of America rechnen mit Umsätzen in Höhe von drei Milliarden Dollar. Gourmet-Kaffee wird überwiegend von jungen, gutverdienenden Stadtbewohnern (Yuppies) konsumiert, wobei 64 Prozent dieser Konsumenten über ein Jahreseinkommen von mehr als 50 000 Dollar verfügen. Die Association ist davon überzeugt, daß Raritäten von bestimmten Plantagen zunehmend an Bedeutung gewinnen und daß aromatisierte Kaffees ihren Marktanteil weiterhin vergrößern werden. Man

Allegro-Kaffee aus kontrolliert-biologischem Anbau

STARBUCKS

Die Kaffee-»Revolution« begann in den 70er Jahren in Seattle, vielleicht weil die Stadt sich eines guten, sauberen Wassers erfreut, und Starbucks entwickelte sich (nach Boeing) rasch zum zweitberühmtesten Exporteur der Stadt. Gegründet wurde das Unternehmen 1970 von Gordon Bowker, Jerry Baldwin und Zev Siegl, die es nach dem Ersten Offizier auf dem Walfänger *Pequod* in Herman Melvilles Roman ›Moby Dick‹ benannten. Im Jahr 1972 eröffneten die drei einen weiteren Starbucks-Laden und schafften sich einen gebrauchten Röstapparat an. In jener Zeit stieß Jim Reynolds als vierter Partner dazu.

Das Unternehmen wuchs stetig, so daß Starbucks 1990 seinen Firmensitz vor die Tore der Stadt verlegte und neue Läden in Denver, Chicago und Washington eröffnete. Im Jahr 1992 wurde das Unternehmen in eine Aktiengesellschaft mit Kapitaleinlagen in Höhe von rund 110 Millionen Dollar umgewandelt. Die Umsätze betrugen 1997 etwa 1,3 Milliarden Dollar, und das Unternehmen beschäftigt derzeit etwa 25 000 Leute.

Die CARE-Probierpackung von Starbucks; ein Teil des Verkaufspreises geht an die internationale Hilfsorganisation CARE (Cooperative for American Remittances to Europe).

Starbucks-Filiale in der Fillmore Street in San Francisco

Heute vertreibt Starbucks ausschließlich Kaffee aus der firmeneigenen Rösterei, und in den Filialen wird auch Kaffee ausgeschenkt. Neben Bohnen werden auch Kaffeemaschinen und diverses Zubehör in großer Auswahl verkauft.

Starbucks geht es weniger darum, die Kundschaft mit einem schnellen Kaffee abzufertigen, als vielmehr echten Kaffeegenuß anzubieten, und dies erklärt vielleicht auch die relativ geringe Auswahl an aromatisierten Kaffees. Starbucks scheint sich tatsächlich die italienischen Kaffeebars zum Vorbild zu nehmen. Die Firma ist außerdem dafür bekannt, seinen Kaffee noch stärker zu rösten als die dunkelste amerikanische Espressosorte, worunter der Gesamtcharakter der angebotenen Kaffees leidet. Verbraucherverbände haben dies bereits kritisiert, doch die wachsende Zahl der Konsumenten, die bei Starbucks einkaufen, läßt darauf schließen, daß die Kunden mögen, was sie dort vorfinden.

Lauren's Blend – eine milde Kaffeemischung

rechnet außerdem mit einem Zuwachs an Espressobars und Cafés und schätzt, daß es 1999 an die 1400 Mini-Röstereien im ganzen Land geben wird.

Die Allegro Coffee Company, Lieferant für guten Markenkaffee, hat ihren Sitz in Boulder (Colorado) und wurde 1977 gegründet.

Allegro importiert ausschließlich edle Arabica-Bohnen und bietet zusätzlich Espresso- und Filter-Kaffeemaschinen an.

Die größten US-amerikanischen Kaffeehersteller sind Starbucks, Gloria Jean's Coffee Bean, Bernie's Coffee & Tea Co. und The Coffee Beanery Ltd.

KONA-KAI-KAFFEE

Auf den Kaffeeplantagen an der Kona Coast von Hawaii wächst der einzige Kaffee amerikanischen Ursprungs, er ist berühmt für sein erlesenes Aroma. Die ersten Kaffeepflanzen kamen 1828 nach Kona und gediehen so prächtig, daß der Kaffee bald zu einem wichtigen Exportgut wurde. Der 32 km lange Kaffeegürtel zählt zu den weltbesten Anbaugebieten für Kaffee, denn hier finden die Pflanzen ideale Wachstumsbedingungen vor: tropische Temperaturen, optimale Bodenverhältnisse, Regen und Schatten, und alles in der richtigen Mischung. Kona-Kai-Kaffee ist einzigartig im Geschmack: weich und mild mit einem vollen Körper und einer dezenten Säure. Die Aufnahme Hawaiis als 50. Bundesstaat in den Staatenbund schien das Ende einer stolzen Tradition einzuläuten, und 1979 war die Kaffeeproduktion auf magere 810 Hektar und 600 Plantagen in Kona geschrumpft. Die Gourmet-Kaffee-Industrie hat dem hawaiischen Kaffee indes neuen Auftrieb gegeben und lohnt die Mühe, die es kostet, dieses unwegsame, unwirtliche Gebiet zu bewirtschaften.

Das Kaffee-
Verzeichnis

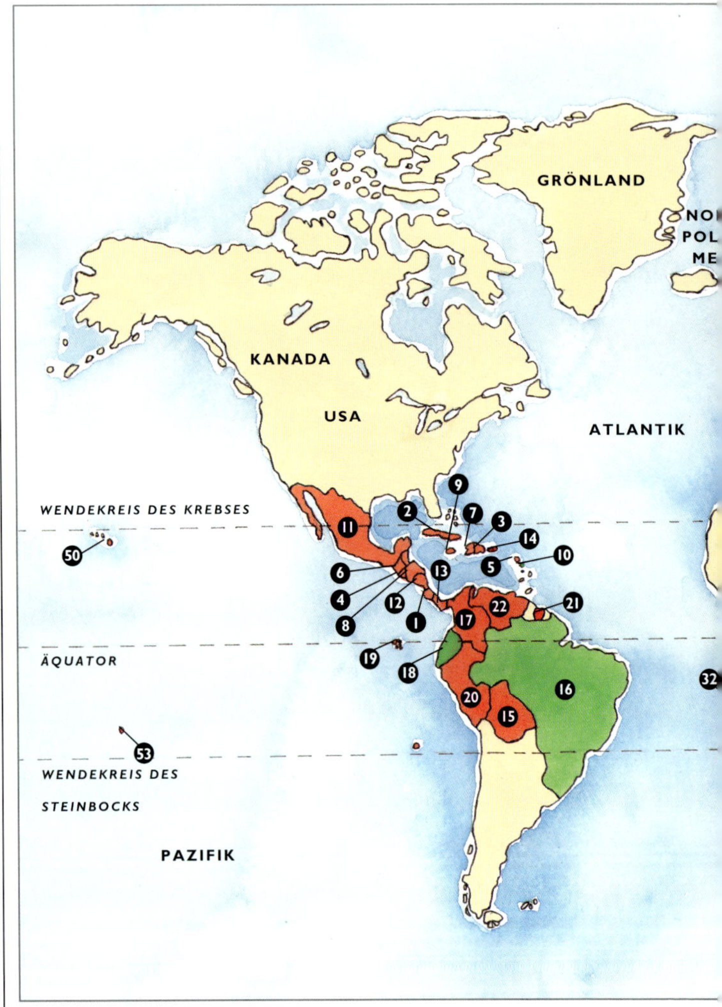

DIE KAFFEEPRODUZIERENDEN LÄNDER

1 COSTA RICA
2 KUBA
3 DOMINIKANISCHE REPUBLIK
4 EL SALVADOR
5 GUADELOUPE
6 GUATEMALA
7 HAITI
8 HONDURAS
9 JAMAIKA
10 MARTINIQUE
11 MEXIKO
12 NICARAGUA
13 PANAMA
14 PUERTO RICO
15 BOLIVIEN
16 BRASILIEN
17 KOLUMBIEN
18 ECUADOR
19 GALAPAGOS-INSELN
20 PERU
21 SURINAM
22 VENEZUELA

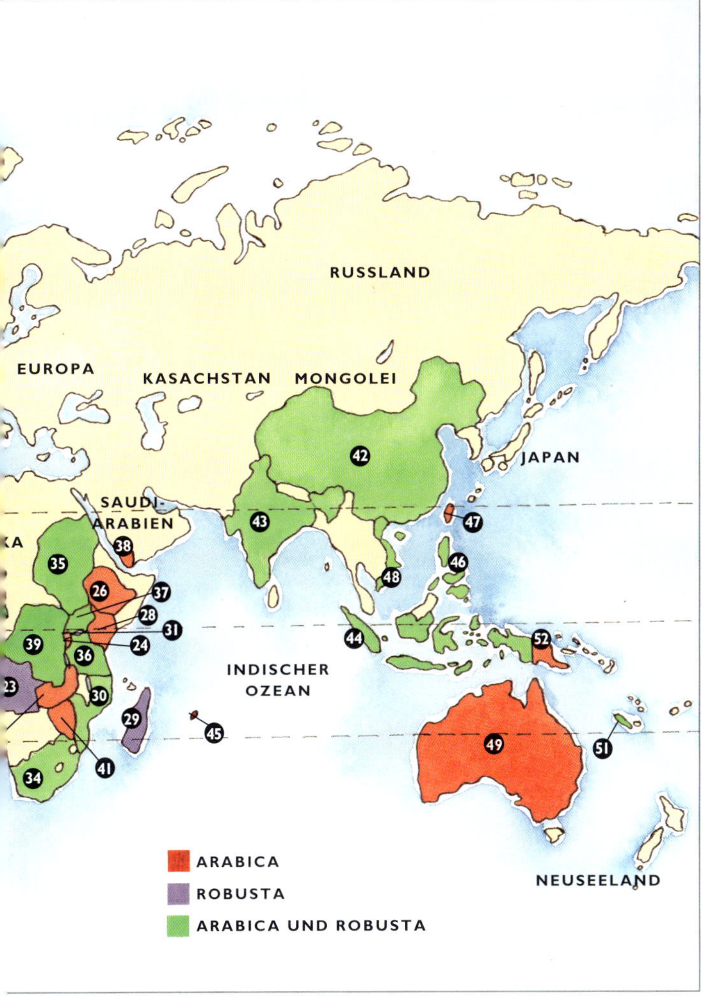

23 ANGOLA
24 BURUNDI
25 KAMERUN
26 ÄTHIOPIEN
27 ELFENBEINKÜSTE
28 KENIA
29 MADAGASKAR
30 MOZAMBIQUE
31 RUANDA
32 ST. HELENA
33 SÃO TOMÉ, PRINCIPÉ
34 SÜDAFRIKA
35 SUDAN
36 TANSANIA
37 UGANDA
38 JEMEN
39 REPUBLIK KONGO
40 SAMBIA
41 SIMBABWE
42 CHINA
43 INDIEN
44 INDONESIEN
45 LA RÉUNION
46 PHILIPPINEN
47 TAIWAN
48 VIETNAM
49 AUSTRALIEN
50 HAWAII
51 NEUKALEDONIEN
52 PAPUA-NEUGUINEA
53 TAHITI

Das nachfolgende Kaffee-Verzeichnis nennt die wichtigsten Kaffeeanbauländer sowie einige kleinere Länder, wo früher einmal Kaffee kultiviert wurde oder wo nur geringe Mengen Rohkaffee produziert werden. In solchen Fällen war es nicht möglich, die Kaffeesorten geschmacklich zu beurteilen.

INFOKÄSTEN

Die Infokästen enthalten kurze Angaben zum Geschmack des jeweiligen Kaffees, Röstempfehlungen (gegebenenfalls auch Vorschläge zu Verwendung und Zubereitung) sowie eine Gesamtbenotung mit Sternen für durchschnittliche (= Standard-Konsumqualität), gute und hervorragende (= Spitzen-) Qualität. Bei der Vergabe der Sterne wurde der Kaffee eines Landes im gesamten bewertet.

GESCHMACK	*voller Körper mit kräftigem, Geschmack*
EMPFOHLENE RÖSTTIEFE	*mittel bis stark; hervorragend zum Mischen*
★ ★	*gut*

GESCHMACKSPROFIL

Diese Minitabelle zeigt Ihnen auf einen Blick die wichtigsten Geschmackskomponenten eines Kaffees: Körper, Säure und Harmonie (Erläuterungen dazu siehe im Kapitel »Kaffeegenuß« im ersten Teil des Buches).

GESCHMACKSPROFIL

Körper	●●●●●
Säure	●●
Harmonie	●●●

Mittelamerika und Karibik

Costa Rica

Gute Säure und ein würziges Aroma in Verbindung mit vollmundiger, edler Fülle

Der costaricanische Tarrazu ist nach landläufiger Meinung einer der besten Kaffees der Welt, denn er zeichnet sich durch einen milden, unverfälschten Geschmack und einen herrlichen Duft aus.

Costa Rica mit seinen nährstoffreichen, gut durchlässigen Böden vulkanischen Ursprungs war das erste mittelamerikanische Land, das Kaffee und Bananen in großen Mengen anbaute. Von Kuba kommend, gelangte der Kaffee 1729 nach Costa Rica und entwickelte sich mit einem Ertrag von 1700 kg pro Hektar zu einer der bestorganisierten Industrien der Welt. In Costa Rica leben 3,5 Millionen Menschen, und es gibt etwa 400 Millionen Kaffeebäume. Der gute Kaffee von stets gleichbleibender Qualität garantiert 25 Prozent der Exporterlöse. Costa Rica profitiert ebenfalls vom American Agricultural Research Institute (IAAC), einem bedeutenden internationalen Forschungszentrum mit Sitz in Turrialba.

Abladen der Kaffeekirschen vom Ochsenkarren, Costa Rica

In Costa Rica werden ausschließlich Arabica-Bohnen kultiviert. Der Anbau von Robusta-Kaffee ist verboten. Costaricanischer Qualitätskaffee trägt die Bezeichnung SHB: strictly hard bean. Das bedeutet, daß dieser Kaffee in Höhenlagen über 1500 m angebaut wird. Die Höhe stellt für Kaffeepflanzer häufig ein Problem dar. Es ist allgemein bekannt, daß Hochlagen qualitativ bessere Bohnen hervorbringen, nicht nur weil sie den Säuregehalt der Bohnen erhöhen und dadurch den Geschmack verbessern, sondern auch weil die Kaffeepflanzen aufgrund der kalten Nächte in den höhergelegenen Regionen langsamer heranwachsen und die Bohnen demzufolge die höchste Geschmacksfülle entwickeln können. Auch die regelmäßigen Niederschläge in den Hochlagen tragen zur optimalen Entwicklung der Kaffeebäume bei. Die langen Transportwege allerdings können die Bohnen derart verteuern, daß sich der Kaffeeanbau wirtschaftlich nicht mehr lohnt. Die costaricanische Kaffeeindustrie hat daher zur Verbesserung der Effizienz neue mechanische Verfahren eingeführt. Dazu gehört auch der Einsatz von elektronischen »Augen«, die unregelmäßig geformte Bohnen erkennen und aussortieren.

Südlich der Hauptstadt San José liegt Tarrazu, eine der renommiertesten Kaffeeanbauregionen des Landes. Auf der Plantage La Minita wird in begrenzten Mengen, etwa 72 600 kg pro Jahr, ein Kaffee namens La Minita Tarrazu angebaut. Die Plantage, die seit drei Generationen im Besitz der Familie McAlpine ist, produziert insgesamt zwar rund eine halbe Million Kilo Kaffee pro Jahr, doch der Minita Tarrazu genießt eine Sonderbehandlung. Er wird ganz ohne Kunstdünger und Pestizide kultiviert und anschließend von Hand geerntet und verlesen. Damit begegnet man dem Einwand, der häufig gegen maschinelle, mit einem Luftstrahl arbeitende Sortierer erhoben wird: Angeblich kommen die Bohnen hin und wieder dabei zu Schaden.

Besonderen Kaffeegenuß versprechen die Namen Juan Vinas, H. Tournon, Windmill, Montebellow und Santa Rosa. Feine Kaffeesorten wachsen außerdem in Heredia und in der großen Senke heran. Nicht zu vergessen ist Sarchi, nur eine von fünf Städten, die für Costa Ricas »Kaffeestraße« stehen. FJO Sarchi wird etwa 53 km entfernt von San José an den Hängen des Poas-Vulkans angebaut.

Alle Kaffeesorten, die nicht den hohen Qualitätsanforderungen entsprechen, werden mit Lebensmittelfarbe blau gefärbt und an die einheimische Bevölkerung verkauft. Dieses Kontingent macht zehn Prozent der Gesamtproduktion aus, und der Pro-Kopf-Verbrauch der Costaricaner ist doppelt so hoch wie der der Italiener oder US-Amerikaner.

GESCHMACK	*ausgezeichnet; seidig mit ausgeprägter Säure und Klasse*
EMPFOHLENE RÖSTTIEFE	*mittel; auch für starke Röstung geeignet*
★ ★ ★	*Spitzenqualität*

GESCHMACKSPROFIL

Körper	5 Bohnen
Säure	5 Bohnen
Harmonie	4 Bohnen

Der FJO-Sarchi ist einer der besten Kaffees aus Costa Rica.

KUBA

Es wäre verwunderlich, wenn Kuba zu seinen feinen Zigarren nicht auch erlesenen Kaffee produzierte.

Der beste kubanische Kaffee ist der Turquino oder Extra Turquino, wobei es sich bei Turquino eher um eine Güteklasse und weniger um eine Anbauregion (wie beim jamaikanischen Blue Mountain) handelt. Der Kaffee ist rein im Geschmack, hat eine angenehme, nicht zu kräftige Fülle und besitzt weniger Säure als viele andere mittelamerikanische Kaffees, weil er in tieferen Lagen angebaut wird.

Die Zukunft des kubanischen Kaffees ist ungewiß. Lieferungen zu einem definitiven Zeitpunkt in gleichbleibender Qualität können aufgrund der politischen Lage nicht zugesagt werden.

GESCHMACK	*voller Körper mit rauchigem Aroma*
EMPFOHLENE RÖSTTIEFE	*mittel bis stark; ausgezeichnet zum Mischen*
★ ★	*gut*

GESCHMACKSPROFIL

Körper	●●●
Säure	●●
Harmonie	●●●

Dominikanische Republik

Kaffee von angenehmer Süße und abgerundeter Geschmacksfülle

Die Dominikanische Republik teilt sich die Antilleninsel Hispaniola (Haiti) mit der Republik Haiti und ist wie ihr westlicher Nachbar ein von Revolutionen und Armut gebeuteltes Land, auch wenn inzwischen demokratische Wahlen abgehalten werden und etwas Stabilität eingekehrt ist.

Die beste Anbauregion liegt im Südwesten, in Barahona, andere feine Kaffeesorten kommen aus Juncalito und Ocoa. Die Kaffees, die auch als Santo Domingo bezeichnet werden, sind mild und vollmundig im Geschmack mit feiner Säure und angenehmem Aroma. Im Gegensatz zum haitianischen Kaffee handelt es sich bei dem in der Dominikanischen Republik angebauten Kaffee größtenteils um gewaschene Ware, was auf seine überdurchschnittliche Qualität hindeutet.

GESCHMACKSPROFIL

Körper	2
Säure	3
Harmonie	4

GESCHMACK	*ausgewogen mit ausgeprägter Säure*
EMPFOHLENE RÖSTTIEFE	*mittel bis stark, vielfältiger Qualitätskaffee*
★ ★	*gute Qualität*

El Salvador

Ausschließlich Arabica-Kaffee, mild im Geschmack

El Salvador produziert einen ausgewogenen, ja geschmackstypischen Kaffee, der heute etwa 40 Prozent der gesamten Exporte ausmacht. Der beste Rohkaffee wird zwischen Januar und März ausgeführt, wobei 35 Prozent der Spitzenqualität – SHG – von Deutschland abgenommen werden.

Der Guerillakrieg hat das Land nicht nur wirtschaftlich in den Ruin getrieben, sondern indirekt auch erheblich dazu beigetragen, daß sich der Kaffeebohrer und der Rostpilz ausbreiten konnten und die Kaffeeproduktion von rund 3,5 Millionen Sack Anfang der 70er Jahre auf etwa 2,5 Millionen Sack zwischen 1990 und 1991 sank. Die östlichen Anbauregionen waren damals am stärksten von der Plage betroffen, so daß viele Kaffeebauern und Plantagenarbeiter die Flucht ergriffen. Mangels Investitionen haben sich die einst hohen Erträge von 1200 kg pro Hektar heute auf weniger als 900 kg pro Hektar verringert.

Erschwerend kam hinzu, daß die Regierung 1986 die bereits bestehende Steuer auf Exportkaffee von 30 Prozent um weitere 15 Prozent erhöhte, was in Verbindung mit dem ungünstigen Wechselkurs zu einem erheblichen Produktionsrückgang und einem großen Qualitätsverlust führte. Inzwischen hat die Regierung die wirtschafliche Bedeutung der Kaffee-Industrie erkannt und 1990 eine Teilprivatisierung des Kaffee-Exportgeschäftes beschlossen in der Hoffnung, dies würde die Verfügbarkeit des Kaffees auf dem Exportmarkt erhöhen.

Der hier angebaute Kaffee ist typisch für Mittelamerika. Er zeichnet sich durch eine angenehm leichte Fülle und feine Säure aus, und er ist rein im Geschmack. Wie in Guatemala und Costa Rica wird auch hier die Kaffeequalität nach der Höhe der Anbauregion bemessen: je höher, desto besser. Die bekannteste und von dem Organic Certified Institute of America anerkannte Marke ist Pipil, was in der Sprache der Azteken und Mayas »Kaffee« bedeutet. Ein außergewöhnlicher Kaffee ist der Pacamara, eine Hybridzüchtung aus Pacas und Maragogype, dessen beste Anbauregionen bei Santa Ana liegen, unweit der Grenze zu Guatemala. Die kraftvolle, aber nicht zu schwere Fülle und der milde Duft machen den Pacamara zu einem außergewöhnlichen Geschmackserlebnis.

Einsacken des Rohkaffees für den Export in Cuscachapa, El Salvador

GESCHMACK	*sehr ausgewogen; gute Eigenschaften*
EMPFOHLENE RÖSTTIEFE	*mittel bis stark; vielseitig zu verwenden*
★	*Standard-Konsumqualität*

GESCHMACKSPROFIL

Körper	2 Bohnen
Säure	2 Bohnen
Harmonie	3 Bohnen

GUADELOUPE

Eine gute Kaffeeproduktion wird durch Naturkatastrophen zunichte gemacht.

Die Inselgruppe im Karibischen Meer war einst ein bedeutender Kaffeeproduzent. Allein im Jahr 1789 wurden hier 4000 Tonnen Kaffee von über einer Million Bäume auf einer Fläche von gerade einmal 500 Hektar geerntet. Heute stehen nur noch rund 150 Hektar für den Kaffeeanbau zur Verfügung.

Die Gründe für diesen Rückgang sind im verstärkten, exportorientierten Anbau von Zuckerrohr und Bananen sowie in den 1966 durch den Hurrican Ines verursachten Schäden an den Kaffeepflanzen zu suchen. Aber auch politische Entscheidungen spielten eine Rolle, so zum Beispiel die Neuverteilung von Land in den Jahren 1962 bis 1965.

Heute führt Guadeloupe fast gar keinen Kaffee mehr aus, obwohl das französische Übersee-Departement einst Spitzenkaffees hervorbrachte. Die beste Qualität wird als Bonifieur bezeichnet und fand einst große Anerkennung.

GUATEMALA

Die SHB-Bohne (Strictly High Bean) ist im Geschmack ausgewogen und ergibt einen elegant-würzigen Kaffee.

Kaffee aus Guatemala hatte einst den Ruf, einer der besten Kaffees der Welt zu sein. Eine Zeitlang ließ die Qualität dann nach, hat jetzt aber wieder ihr hohes Niveau erreicht.

Im Jahr 1750 brachten Jesuiten die ersten Kaffeebäume ins Land, und im späten 19. Jahrhundert wurde die Kaffeeindustrie von deutschen Siedlern begründet. Heute wird Kaffee größtenteils im Süden des Landes angebaut, wo die vulkanischen Berghänge der Sierra Madre mit ihren fruchtbaren Böden ideale Voraussetzungen für erlesene Arabica-Bohnen bieten. Der SHB-Kaffee besticht durch seine vollmundige, edle Fülle und seine feine Säure. Durch die Elefanten- oder Riesenbohnen wurde Guatemala große Aufmerksamkeit zuteil, wenngleich inzwischen viele Kaffeekenner der Ansicht sind, daß die Qualität dieser Bohnen auch nicht mehr das ist, was sie einmal war.

Kaffee führte das Land einst in den Wohlstand und beherrscht auch heute noch die Wirtschaft. Die politische Lage Guatemalas hat den Kaffeepflanzern jedoch keinen Nutzen gebracht. Die Erntemengen, an denen sich die gesamtwirtschaftliche Situation eines Landes gut ablesen läßt, sind mit 700 kg pro Hektar relativ gering. El Salvador dagegen bringt pro Hektar 900 kg hervor, und in Costa Rica sind es sage und schreibe 1700 kg pro Hektar. Den Exporthandel bestreiten Privatunternehmen, während die Asociación Nacional de Cafe (Anacafé) alle anderen Bereiche der Industrie kontrolliert.

Die meisten der kleineren Kaffeeproduzenten sind Nachfahren der Mayas – sie selbst möchten lieber als *naturales* bezeichnet werden – und profitieren derzeit von einem Hilfsprogramm, das unter dem Namen »das Projekt« bekannt ist, von den Vereinigten Staaten finanziert wird und die Produktion von Gourmet-Kaffee auf kleinen Plantagen mit 25 Millionen Dollar unterstützt. Die Hauptregionen für Spitzenkaffees sind der Lago de Atitlán und Huehuetenango. »Das Projekt« versucht, gegen die ertragreichen, aber minderwertigen Kaffeepflanzen anzugehen, ein Problem, das mittlerweile die Kaffeeproduktion auf der ganzen Welt betrifft. Bourbon-Kaffeepflanzen wachsen zum Beispiel zu höheren Bäumen heran und tragen weniger Früchte als neue zwergwüchsige Sorten, bringen aber, obwohl beides Arabica-Kaffee ist, edlere Bohnen hervor und werden auch von Kaffeekennern bevorzugt. Gleichzeitig soll »das Projekt« die Kaffeebauern dazu bewegen, ihre eigenen Bohnen aufzubereiten. Derzeit wird ein Großteil der Kaffeekirschen an Zwischenhändler verkauft. Falls jedoch die Aufbereitung an Ort und Stelle erfolgt, könnte dies eine Wert- und möglicherweise auch eine Qualitätssteigerung des Kaffees zur Folge haben.

GESCHMACK	*vollmundig und ausgewogen, herzhaft*
EMPFOHLENE RÖSTTIEFE	*mittel; auch für starke Röstung geeignet*
★ ★ ★	*Spitzenqualität*

Kaffeebaum an der Küste von Guatemala

Antigua ist ein Name, den man sich merken sollte. Von den Hochlandkaffees aus Antigua, der wohl bekanntesten Anbauregion Guatemalas, ist El Pulcal der beste. Dieser erlesene Spitzenkaffee ist noch vollmundiger und rauchiger im Geschmack als andere guatemaltekische Kaffees. Etwa alle 30 Jahre wird das Gebiet um Antigua von Eruptionen heimgesucht, bei denen die ohnehin fruchtbaren Vulkanböden mit zusätzlichem Stickstoff angereichert werden. Das gesamte Gebiet ist außerdem mit leichten, aber regelmäßigen Niederschlägen und reichlich Sonnenschein gesegnet.

Andere Spitzenkaffees sind die bereits erwähnten, die bei Huehuetenango und rund um den Lago de Atitlán kultiviert werden, nicht zu vergessen San Marco, Oriente und Coban sowie Palcya, Mataquescuintia und La Uman in Zacapa. Seit der Gründung eines Spezialkaffee-Verbandes wird Guatemala für den Gourmet-Kaffeemarkt immer wichtiger.

GESCHMACKSPROFIL

Körper

Säure

Harmonie

Haiti

Gute Kaffeequalität aus einem Land mit politischen Unruhen

Trotz der hinreichend bekannten Probleme schafft es Haiti, einige recht gute Kaffees zu produzieren, auch wenn deren Qualität Schwankungen unterworfen ist.

Ein Großteil des von Haiti produzierten Kaffees stammt aus organischem Anbau, was jedoch eher notgedrungen geschieht, denn die Kafferbauern sind in der Regel zu arm, um Fungizide, Pestizide und Düngemittel zu kaufen.

Haitianischer Kaffee wird in Japan mit jamaikanischem Blue Mountain Kaffee gemischt, um diesen zu strecken. Kaffee aus Haiti zeichnet sich durch einen kraftvollen Körper und ein ausdrucksvolles Aroma aus. Trotz ausgeprägter, bisweilen feiner Säure ist er weich im Geschmack.

GESCHMACK	*ausgewogen und kräftig*
EMPFOHLENE RÖSTTIEFE	*mittel; gut für Espresso geeignet*
★	*Standard-Konsumqualität*

GESCHMACKSPROFIL

Körper	4
Säure	2
Harmonie	3

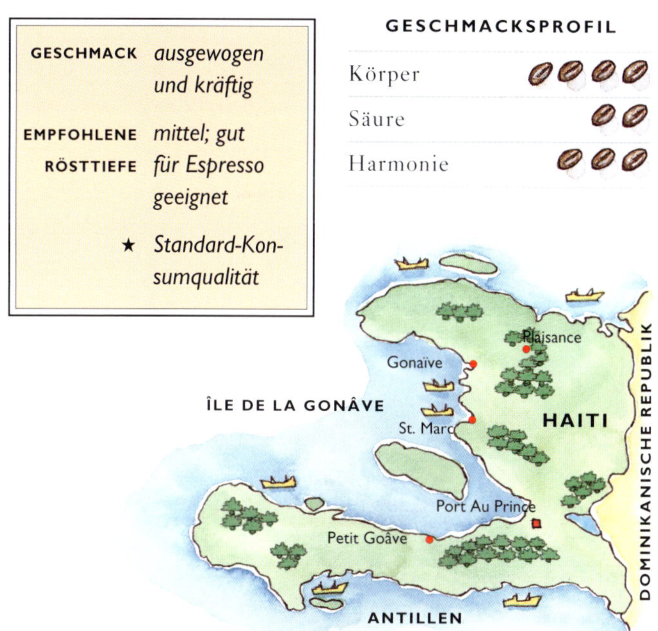

HONDURAS

Honduranischer Kaffee genießt einen guten Ruf als Kaffee zum Mischen.

Heute produziert das Land hochwertigen Kaffee, der sich oft durch eine pikante Säure auszeichnet.

Wie in anderen kaffeeproduzierenden Ländern wird der Kaffee nach der Anbauhöhe klassifiziert. Der in Höhenlagen von 700 bis 1000 m angebaute Kaffee heißt in Honduras Central Standard, während Kaffee aus Höhenlagen von 1000 bis 1500 m als High Grown und in Höhenlagen bis 2000 m als Strictly High Grown bezeichnet wird. Nach brasilianischen Mißernten 1975 durch Kälteeinbrüche stieg die Kaffeeproduktion in Honduras während der letzten 20 Jahre von 500 000 auf 1,8 Millionen Sack.

Die gesamte Kaffeeproduktion des Landes wird von Privatunternehmern verschifft, ein Großteil davon nach Deutschland und in die Vereinigten Staaten.

GESCHMACK	*harmonisch; zum Mischen geeignet*
EMPFOHLENE RÖSTTIEFE	*mittel bis stark*
★ ★	*gute Qualität*

GESCHMACKSPROFIL

Körper	3 von 4 Bohnen
Säure	4 von 4 Bohnen
Harmonie	4 von 4 Bohnen

Jamaika

Ist der jamaikanische Blue Mountain wirklich der beste Kaffee der Welt?

Wer schon einmal vom jamaikanischen Blue Mountain gehört hat, weiß, daß dies der teuerste Kaffee der Welt ist, aber kaum einer weiß, warum. Sobald ein Produkt – sei es ein Rolls-Royce oder eine Stradivari – im Ruf steht, »das beste der Welt« zu sein, entwickelt dieser Ruf mit der Zeit eine Eigendynamik und wird regelrecht zum Mythos.

Es besteht natürlich kein Zweifel daran, daß der Blue Mountain einer der besten Kaffees auf dem Weltmarkt ist. Sein Preis steht jedoch in keinem Verhältnis zum »besseren Aroma« und zu den Aufschlägen, die manche Leute bereit sind zu zahlen, um Lieferungen dieses Kaffees zu gewährleisten. Außerdem ist zu bedenken, daß der Trinkgenuß noch teurer kommt: Um nämlich das volle Aroma dieses Kaffees auszukosten, benötigt man mehr Bohnen für eine Tasse als von anderen Kaffeesorten. Wird an den Bohnen gespart, schmeckt der fertige Kaffee etwas flach. Für einen aromatischen Geschmack zahlt man also nicht nur die Preisdifferenz zu anderen Sorten, sondern zuzüglich 10 oder 15 Prozent für die zusätzlich benötigten Bohnen.

Abgesehen davon ist echter Blue Mountain-Kaffee aus besten blaugrünen Bohnen jedoch ein Hochgenuß für Kaffeekenner: rund und voll im Geschmack, harmonisch, fruchtig und säurebetont, alles, was man sich von einem Kaffee nur wünschen kann. Das Aroma ist intensiv und kräftig, doch vor allem hält der Geschmack von hochwertigem, frisch geröstetem Blue Mountain ungewöhnlich lange an und entfaltet sich erst beim Trinken, wie Weinkenner sagen würden.

Eine nähere Betrachtung des Mythos Blue Mountain lohnt sich, denn das Bild von früher und die Wirklichkeit von heute stimmen nicht immer überein. Die ersten Kaffeepflanzen wurden 1725 von Martinique nach Jamaica gebracht. Importiert hatte sie ein gewisser Sir Nicholas Lawes, der sie in der St. Andrew-Gemeinde einpflanzen ließ, die noch heute neben Portland und St. Thomas eines der drei Anbaugebiete für Blue Mountain ist. Innerhalb von nur acht Monaten wurden 375 000 kg makellose Bohnen exportiert. Die Kaffeeproduktion erreichte 1932 mit über 15 Millionen Kilogramm ihren Höhepunkt.

Im Jahr 1948 hatte sich die Kaffeequalität jedoch derart verschlechtert, daß kanadische Käufer sich weigerten, ihre Verträge zu erneuern, und so rief die jamaikanische Regierung eine Kaffeekommission ins Leben, die diesen Industriezweig neu beleben sollte. Erst 1969 waren die japanischen Kaffeetrinker wieder bereit, Spitzenpreise für diesen Kaffee zu zahlen, der heute fast schon Kultstatus erreicht hat.

Jamaikanischer Blue Mountain-Rohkaffee

Im Jahr 1981 wurden weitere 1500 Hektar Land kultiviert, und später folgten noch einmal 6000 Hektar. Heute dagegen ist die Anbauregion Blue Mountain auf ein winziges Areal von rund 6000 Hektar zusammengeschrumpft, so daß all der Kaffee, der das Etikett »Blue Mountain« trägt, unmöglich dort gewachsen sein kann. Als High Mountain Supreme und Prime Washed Jamaican werden die Kaffees klassifiziert, die weitere 12 000 Hektar in der Region hervorbringen.

Echter Blue Mountain-Kaffee gehört zu den absoluten Hochgewächsen. Klima, geographische Lage und Bodenverhältnisse bieten dem Kaffee in Jamaika geradezu ideale Wachstumsbedingungen. Der Gebirgszug, der sich quer über die Insel erstreckt, erreicht im Osten mit den über 2100 m hohen Blue Mountains seine höchste Erhebung. Das Klima ist tropisch, und der fruchtbare Boden gut durchlässig. Die Jamaikaner praktizieren Terrassierung und Mischkultur, so daß Kaffee einträchtigt neben Bananen und Avocados heranwächst.

Der Kaffee kommt fast ausschließlich von kleinen Plantagen, beispielsweise vom Wallenford Estate, Silver Hill Estate oder Atlanta Estate des J. Martinez. Selbst die größten Kaffeeanbauer der Region sind im Vergleich zu internationalen Standards kleine Betriebe, und viele von ihnen sind Kleinbauern, deren Familien schon seit zwei Jahrhunderten das Land bestellen. Die steigenden Lohnkosten und die Tatsache, daß die geographischen Gegebenheiten eine Mechanisierung erschweren, stellen die Kaffeeindustrie vor große Probleme. Wegen der vielen Kleinbetriebe sind Rationalisierungsmaßnahmen in der Produktion nur unter Schwierigkeiten durchzuführen. Hinzu kommt, daß Jamaika oft von Hurrikans heimgesucht wird.

Mittlerweile kaufen die Japaner bis zu 90 Prozent der Ernte auf, weitere wichtige Abnehmerländer sind die Vereinigten Staaten und Großbritannien. Im Jahr 1997 exportierte Jamaika rund 30 000 Sack à 60 kg, also etwa 1800 Tonnen. Die Nachfrage nimmt immmer mehr zu, ganz unabhängig von den Preisen, die für jamaikanischen Kaffee auf dem Weltmarkt gezahlt werden. In Großbritannien war das Unternehmen Langford Brothers viele Jahre hindurch der einzige Händler. Vor wenigen Jahren ist die Edmonds Group hinzugekommen, die Blue Mountain-Kaffee von dem jamaikanischen Unternehmen Salda Foods bezieht.

Im Gegensatz zu anderen Kaffees wird der Blue Mountain in Holzfässern à 70 kg transportiert. Die Fässer – Nachbildungen jener Fässer, die im letzten Jahrhundert für den auf Guadeloupe produzierten Bonifieur-Kaffee verwendet wurden und in denen ursprünglich Mehl von Großbritannien nach Jamaica verschifft wurde – tragen noch immer die Namen des Kaffeeaufbereitungsbetriebs. Für original jamaikanischen Kaffee, der exportiert wird, stellt die Kaffee-Kommission vor Ort ein Echtheitszertifikat aus.

Die jamaikanische Regierung bestand lange Zeit darauf, daß der gesamte Blue Mountain-Kaffee in Jamaica geröstet wurde, um so eine gleichbleibende Qualität zu sichern. Für die Verbraucher dagegen wäre es ideal, die Kaffeebohnen frisch geröstet zu kaufen. Zum Glück kann inzwischen auch Rohkaffee ausgeführt werden.

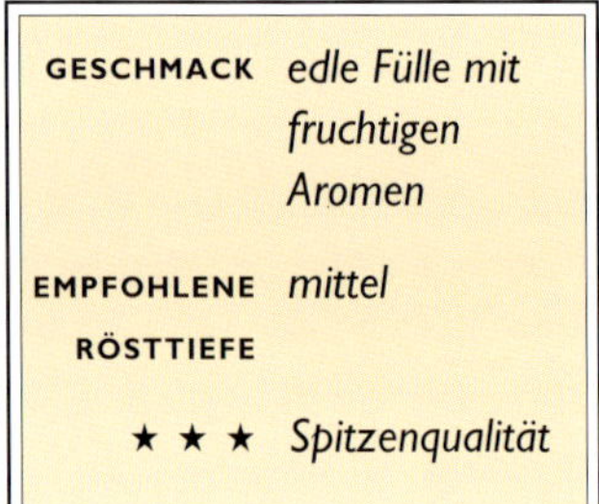

GESCHMACK	*edle Fülle mit fruchtigen Aromen*
EMPFOHLENE RÖSTTIEFE	*mittel*
★ ★ ★	*Spitzenqualität*

GESCHMACKSPROFIL

Körper

Säure

Harmonie

Langford Brothers ist anerkannter Vertreiber von jamaikanischem Blue Mountain-Kaffee.

Martinique

Die Wiege des mittelamerikanischen Kaffees

Obwohl der Kaffeeanbau in Mittelamerika einst auf der kleinen Insel Martinique seinen Anfang nahm, wird dort heute nur noch wenig Kaffee produziert. Capitain Gabriel Mathieu de Clieu war es, der die erste Kaffeepflanze unter widrigen Umständen um 1720 von Frankreich in die Neue Welt brachte. Der junge Marineoffizier, der in Martinique diente, pflanzte das Bäumchen in Prechear ein, wo 1726 die ersten Kaffeekirschen geerntet werden konnten. Von Martinique wurden Kaffeepflanzen nach Haiti, in die Dominikanische Republik und nach Guadeloupe verschifft, und 1777 zählte man allein auf der Insel Martinique sage und schreibe 18 791 680 Kaffeebäume.

Die Geschichte der Insel zeugt vom Aufstieg einer Industrie und deren Zerstörung durch Pflanzenschädlinge und politische Mißwirtschaft, denn heute exportiert Martinique keinen Kaffee mehr, sondern Bananen, Zuckerrohr und Ananas.

MEXIKO

Weicher, aromatisch duftender Kaffee aus dem viertgrößten Erzeugerland der Welt

Als viertgrößter Kaffeeproduzent der Welt kommt Mexiko auf eine jährliche Ernte von etwa fünf Millionen Sack. Einen Großteil des Kaffees liefern die rund 100 000 Kleinbauern, während die großen Plantagen, die einst das Kaffeegeschäft dominierten, heute in der Minderzahl sind. Im Schnitt liegt der Ertrag bei etwa 630 kg pro Hektar, und bis vor einigen Jahren hatte das Instituto Mexicano del Café (Inmecafé) eine dominierende Stellung in der Kaffeeindustrie, denn es kontrollierte die Anbauregionen und vermarktete auch den Rohkaffee, der ab November für den Export zur Verfügung steht. Inmecafé garantierte den Kaffeebauern einen Mindestabnahmepreis und stand ihnen mit Rat und Tat zur Seite.

Das Scheitern des Kaffeeabkommens und der Wegfall der Preisstützung waren für manche Kaffeeproduzenten insofern hilfreich, als diese gezwungen waren, Eigeninitiative zu ergreifen und sich selbst ihre Marktanteile zu sichern, sowohl im eigenen Land als auch innerhalb der Vereinigten Staaten. Weitere Unterstützung leistet das sogenannte NAFTA-Abkommen zwischen Kanada, den USA und Mexiko zur Förderung mexikanischer Exporte nach Nordamerika.

Kaffeepflanzer auf einer Plantage in Roma, Mexiko

Manche Leute glauben, daß die besten Riesenbohnen in Mexiko und nicht in Guatemala wachsen, doch Angebot und Qualität sind schwankend. Die als *maragogype* bezeichneten Bohnen sind groß und länglich und ergeben einen angenehm weichen und duftenden Kaffee. Kontrolliert biologischer Anbau, zertifiziert durch eine Kontrollstelle, ist selten, wenngleich im mexikanischen Hochland bereits seit Jahrzehnten erfolgreich nach der biologisch-dynamischen Wirtschaftsweise Demeter-Kaffee für Deutschland produziert wird.

Die beste Anbauregion ist Chiapas im Süden des Landes, wo unter anderem Tapanchula- und der Huixtla-Kaffee angebaut werden. Auch aus dem südmexikanischen Bundesstaat Oaxaca kommen edle Kaffees, so zum Beispiel der Pluma Coixtepec aus biologischem Anbau.

GESCHMACK	*mild und aromatisch mit angenehm leichter Fülle*
EMPFOHLENE RÖSTTIEFE	*vorzüglich als starke Röstung*
★ ★	*gute bis sehr gute Qualität*

GESCHMACKSPROFIL

Körper	4
Säure	4
Harmonie	4

NICARAGUA

Die besten nicaraguanischen Kaffees sind mild, ausgewogen im Geschmack und sehr aromatisch.

Politische Probleme haben die Kaffeeproduktion vieler Länder arg in Mitleidenschaft gezogen, und die nicaraguanische Kaffeeindustrie macht da keine Ausnahme. Nach Ausbruch des Bürgerkrieges 1978 mußten die Besitzer der Kaffeeplantagen nach Miami fliehen. In der Folge plante die Regierung eine Neuverteilung des Landes, die Kaffeeplantagen eingeschlossen. Das Ergebnis waren Versorgungslücken und ein Produktionsrückgang von ehemals rund einer Millionen Sack Anfang der 70er Jahre auf weniger als 600 000 Sack 1990.

Inzwischen ist die Kaffeeindustrie von der Regierung weitgehend unabhängig, und die Vermarktung des Kaffees erfolgt nun durch Privatunternehmen. Die Spitzengewächse kommen aus Matagalpa, Jinotega und Nuevo Segovia. Die nicaraguanischen Spitzenkaffees tragen die Bezeichnung Central Estrictamente Altura. Sie sind ausgewogen im Geschmack und zeichnen sich durch eine angenehme Säure und ein edles Aroma aus.

GESCHMACK	*guter Kaffee zum Mischen; Spitzenqualitäten aromatisch duftend*
EMPFOHLENE RÖSTTIEFE	*ideal für Espresso*
★	*Standard-Konsumqualität*

GESCHMACKSPROFIL

Körper	2
Säure	3
Harmonie	3

Panama

Kaffee von ausgesuchten Plantagen gibt es noch nicht, wenngleich der Hochlandkaffee durchweg gut ist.

Kaffee aus Panama ist berühmt für seine angenehm leichte Fülle und seine Ausgewogenheit. Der Export beginnt jeweils im November, und die edlen Bohnen werden fast ausnahmslos nach Frankreich und Finnland ausgeführt.

Die feinsten Bohnen wachsen im Norden des Landes, unweit der Grenze zu Costa Rica, und am Pazifik. Rund um Boquete in der Provinz Chiriquí wird erlesener Kaffee produziert, andere namhafte Anbauregionen sind David, Remacimeinto, Bugaba und Tole.

Vielversprechend ist der Café Volcan Barú, ein Spezialkaffee der Spitzenklasse.

GESCHMACKSPROFIL

Körper	4 Bohnen
Säure	3 Bohnen
Harmonie	4 Bohnen

GESCHMACK	*gute, vollmundige Fülle*
EMPFOHLENE RÖSTTIEFE	*mittel*
★ ★	*gute Qualität*

Puerto Rico

Yauco Selecto ist weltweit einer der Spitzenkaffees.

Anfangs kümmerten sich korsische Einwanderer um die Kultivierung der Kaffeepflanzen, die 1736 von Martinique nach Puerto Rico gelangt waren. 1896 war Puerto Rico bereits der sechstgrößte Kaffee-Exporteur der Welt, wobei der Großteil der Exporte nach Frankreich, Italien, Spanien und nach Kuba ging. Obwohl die Kaffeeplantagen im 19. Jahrhundert florierten, schafften es Zucker und pharmazeutische Produkte, den Kaffee in den Hintergrund zu drängen.

Puerto Rico ist ein den USA assoziierter Staat, und als solcher zahlt er den Arbeitern einen Mindestlohn, der im Vergleich zu anderen kaffeeproduzierenden Ländern relativ hoch ist; nur Hawaii und Jamaika haben vergleichbare Löhne. Problematisch für die Kaffeeindustrie ist auch der Umstand, daß Puerto Rico zu den Karibikstaaten mit der besten Schulbildung gehört und die Bevölkerung entsprechend hohe Erwartungen an eine berufliche Karriere hat.

Gourmet-Kaffee einer ausgewählten Plantage in Costa Rica

Heute werden die zumeist sorgfältig kultivierten Gourmet-Kaffees in die USA, nach Frankreich und Japan exportiert. Puertoricanischer Kaffee ist von Natur aus mild mit einer schweren Fülle und einem ausdrucksvollen Aroma. Die Spitzenkaffees haben Weltklasse, und zu den Feinsten gehören der Yauco Selecto aus dem Südwesten der Insel (*selecto* steht für »ausgewählt«) und der Grand Lares, der weiter im Landesinnern angebaut wird.

Der Yauco Selecto wächst auf nur drei Kaffeefarmen im Südwesten der Insel und zeichnet sich durch höchste Geschmacksfülle, ein intensives Aroma und einen einzigartigen Nachgeschmack aus. Dieser Kaffee ist zwar sehr teuer, dafür aber unvergleichlich im Geschmack. Das Hochland bietet neben einem fruchtbaren Lehmboden ein gemäßigtes Klima und eine längere, von Oktober bis Februar dauernde Reifezeit. Seit Einführung einer umwelt- und arbeiterfreundlicheren Wirtschaftsweise beschränkt sich der Einsatz von Chemikalien und Herbiziden auf giftarme Produkte. Der Anbau verschiedener Kulturpflanzen nebeneinander (Mischkultur) trägt zur Anreicherung des Bodens bei. Gepflückt werden nur die reifen Kaffeebeeren, was bedeutet, daß die gesamte Anpflanzung mehrmals abgeerntet wird. Nach der Ernte kommen die Kaffeekirschen für 48 Stunden in den Quelltank.

Für den Yauco Selecto gilt die Vereinbarung, daß er bis zur Verschiffung in den Hülsen verbleibt, das heißt, er wird erst nach Eingang einer Bestellung geschält, um optimale Frische zu gewährleisten. Doch auch sonst bleibt nichts dem Zufall überlassen: Zum Engagement der Kaffeeproduzenten kommt die Kontrolle durch diverse US-Behörden, beispielsweise durch die FDA (Food and Drug Administration) und das USDA (United States Department of Agriculture), die über die Einhaltung der US-amerikanischen Vorschriften wachen. Pro Jahr werden von diesem Spitzenkaffee nicht mehr als 3000 Sack à 45 kg produziert. Das ist weniger als ein Prozent der gesamten Kaffeeproduktion auf der Insel.

Der Yauco Selecto ist ein wunderbarer Kaffee: fruchtig, gehaltvoll und überhaupt nicht bitter. Der kraftvolle Körper läßt diesen Kaffee zu einem großen Geschmackserlebnis werden. Großbritannien importiert jährlich 50 Sack Peaberry Yauce Selecto von der Firma Taylors of Harrogate.

Werbung für den Yauco Selcto

GESCHMACK	*kraftvoller Körper, fein und sehr aromatisch*
EMPFOHLENE RÖSTTIEFE	*mittel*
★ ★ ★	*Spitzenqualität*

GESCHMACKSPROFIL

Körper	4 Bohnen
Säure	4 Bohnen
Harmonie	5 Bohnen

SÜDAMERIKA

BOLIVIEN

Kaffee von der Gartenhecke und von Kaffeeplantagen

Früher war es auf den Landgütern üblich, dekorative Hecken aus Kaffeesträuchern anzupflanzen. Erst in den 50er Jahren dieses Jahrhunderts wurde ernsthaft mit dem Kaffeeanbau begonnen.

Bolivianischer Kaffee wird in Höhen zwischen 180 und 670 Metern angebaut, und die gewaschenen Arabica-Bohnen werden nach Deutschland und in die Schweiz ausgeführt. Geschmacklich gehört dieser Kaffee nicht zu den Spitzenqualitäten, außerdem hat er einen Hang zur Bitterkeit.

GESCHMACKSPROFIL

Körper	
Säure	
Harmonie	

GESCHMACK	*guter Kaffee zum Mischen*
EMPFOHLENE RÖSTTIEFE	*mittel bis stark*
★	*Konsumqualität*

PANDO
Riberalta
VACADIEZ
BRASILIEN
PERU
Apolo
YUNGAS
Lago de Titicaca
COCHABAMBA
Chulumani
La Paz
Chapare
Santa Cruz
ICHILO
BOLIVIEN
PARAGUAY
CHILE
ARGENTINIEN

Brasilien

Bohnen mittlerer Röstung mit wenig Säure aus dem wichtigsten Kaffeeanbauland der Welt

Brasilien wird zu Recht als der »Gigant« oder »Beherrscher« des Kaffeemarktes bezeichnet. Hier wachsen rund vier Millionen Kaffeebäume, wobei etwa 75 Prozent der brasilianischen Kaffees heute von Kleinbauern produziert werden.

Heute ist die brasilianische Wirtschaft weniger abhängig vom Kaffee als einst, denn Kaffee macht nur noch acht bis zehn Prozent des Bruttoinlandsprodukts aus. Vor dem Zweiten Weltkrieg war Brasilien mit über 50 Prozent an der Weltproduktion beteiligt, heute sind es annähernd 30 Prozent. Doch die Einflußnahme des Landes auf den Kaffeemarkt ist ungebrochen, was sich an dem Anstieg der Kaffeepreise zeigte, der durch zwei Kälteeinbrüche 1994 bedingt war.

Seit Einführung der Kaffeebäume aus Französisch-Guayana im Jahr 1720 hat sich der Kaffeeanbau in Brasilien zu einer Art Wissenschaft entwickelt. Bis 1990 unterlag die Kaffeeindustrie einer sehr strengen Kontrolle mit Interventions- und Preisstützungsmaßnahmen. Den Kaffeebauern wurde vom Staat, der die Überschüsse aufkaufte, Mindestabnahmepreise gezahlt. Als sich das Überangebot an Kaffee vor dem Zweiten Weltkrieg wieder einmal auf 78 Millionen Sack belief, ließ der brasilianische Staat den Überschußkaffee verbrennen bzw. ins Meer schütten.

Seit 1990 gibt es einen freien Markt. Das alte Instituto Brasileiro do Cafe (IBL) wurde durch das nicht-interventionistische Secretaria Nacional de Economia ersetzt, und die Kaffeeproduzenten dürfen nun die Preise direkt mit den Exporteuren aushandeln. Die Aktivitäten der Exporteure jedoch werden von staatlicher Seite kontrolliert, und dazu gehört auch eine von der Regierung geführte Liste der autorisierten Exporteure.

Baumschule für Kaffeepflanzen, Brasilien

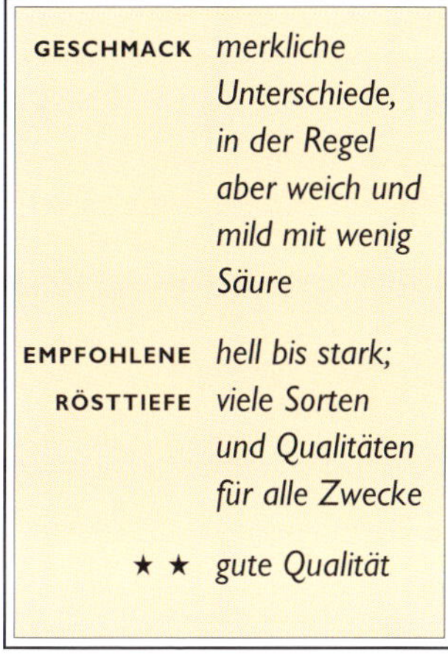

GESCHMACK	*merkliche Unterschiede, in der Regel aber weich und mild mit wenig Säure*
EMPFOHLENE RÖSTTIEFE	*hell bis stark; viele Sorten und Qualitäten für alle Zwecke*
★ ★	*gute Qualität*

GESCHMACKSPROFIL

Körper

Säure

Harmonie

Kaffeelagerhaus, Brasilien

Bei der Vielzahl der Kaffeesorten, welche die einzelnen Regionen hervorbringen, ist es eigentlich ein Unding, von »brasilianischem« Kaffee zu sprechen. Auf dem internationalen Kaffeemarkt wird der zumeist ungewaschene und sonnengetrocknete Kaffee aus Brasilien in »Brazils« und »Milds« sowie »Other Arabicas« eingeteilt. Weitere Klassifikationen ergeben sich aus dem Staat, in dem sie kultiviert werden, und aus dem Verschiffungshafen. Obwohl in 17 von 26 brasilianischen Gliedstaaten Kaffee angebaut wird, erzeugen allein vier Staaten, Paraná, São Paulo, Minas Gerais und Espírito Santo, 98 Prozent des Gesamtertrags, wobei Paraná im Süden des Landes für sage und schreibe 50 Prozent der Gesamtproduktion verantwortlich zeichnet.

Aufgrund der Größe des Landes ist die brasilianische Kaffeeindustrie sehr vielfältig. Die Anbauregion im nördlichen Küstenland bringt beispielsweise einen Kaffee mit dem typischen Meerwassergeschmack hervor, der vorwiegend nach Nordafrika, in den Mittleren Osten und nach Osteuropa ausgeführt wird. Zu den interessantesten Kaffeesorten zählt der gewaschene Bahia. Leider ist er nur schwer zu beschaffen, da

Brasilien nach den Vereinigten Staaten den meisten Kaffee im eigenen Land verbraucht und somit viele edle Kaffees gar nicht erst ausgeführt werden.

Brasilien erzeugt den größten Teil der Robustas in Standard-Konsumqualität, wie sie in Supermärkten erhältlich ist. Dieser brasilianische Robusta wird als Conillon vermarktet und macht etwa 15 Prozent der gesamten Kaffeeproduktion aus.

Im Südosten des Landes, in Minas Gerais, hat man vor nicht allzu langer Zeit in der Region Cerrado alte Bourbon-Varietäten wiederentdeckt, die jetzt als Plantagenkaffee – beispielsweise als Capin Branco und Vista Allegre – angeboten werden. Der Capin Branco ist milder im Geschmack als der würzige und fruchtige Vista Allegre. Beide haben relativ wenig Säure, doch wie alle brasilianischen Kaffees sollten sie möglichst »jung« getrunken werden, da sie bei längerer Lagerung zuviel Säure entwickeln.

Plakat von Lois Gaigg aus dem Jahr 1987

KOLUMBIEN

Der weltweit größte Erzeuger von Qualitätskaffee – traditionell dunkel gerösteter Kaffee, kraftvoll und unvergleichlich im Geschmack

Die ersten Kaffeepflanzen brachte 1808 ein Geistlicher von den Kleinen Antillen über Venezuela nach Kolumbien. Heute steht das Land mit einer Jahresproduktion von 13 Millionen Sack à 60 kg an zweiter Stelle der Kaffee-Erzeuger (nach Brasilien mit 22 Millionen Sack). Die Bedeutung des Kaffees für die nationale Wirtschaft zeigt sich zum Beispiel daran, daß alle importierten Autos sofort desinfiziert werden, damit sie keine Krankheiten einschleppen, die die Kaffeepflanzen befallen könnten.

Kaffeepflückerinnen zur Erntezeit, Kolumbien

Kolumbianischer Kaffee zählt zu den wenigen sortenreinen Kaffees, die weltweit unter diesem Namen verkauft werden. Kein anderer Kaffee steht qualitativ so hoch in der Gunst der Verbraucher. Kolumbien ist das größte Erzeugerland für Arabica-Bohnen und weltweit der größte Exporteur für gewaschenen Rohkaffee. Mehr als jedes andere Kaffee produzierende Land war Kolumbien darum bemüht, seine Kaffeeindustrie auszubauen. Die günstigen geographischen und klimatischen Bedingungen halfen dem Land, hervorragenden Kaffee zu produzieren.

Die Anbauregionen liegen inmitten der Ausläufer der Anden, wo ein feucht-warmes Klima herrscht. In Kolumbien teilt sich das Hochgebirge der Anden in drei, von Norden nach Süden fast parallel verlaufende Gebirgsketten, die Kordilleren, an deren steilen Berghängen der Kaffee kultiviert wird. Bei der Vielzahl von Mikroklimaten kann fast ganzjährig geerntet werden, da die Kaffeekirschen zu verschiedenen Zeiten zur Reife gelangen. Gegenüber Brasilien hat Kolumbien den entscheidenden Vorteil, daß hier nicht mit Kälteeinbrüchen zu rechnen ist, durch die eine ganze Ernte vernichtet werden kann. Von den rund 2,7 Millionen Kaffeesträuchern im Land wachsen etwa 66 Prozent auf modernen Plantagen, der Rest verteilt sich auf kleine Familienbetriebe.

GESCHMACKSPROFIL

Körper	3
Säure	3
Harmonie	5

GESCHMACK	*volles Aroma und sehr ausgewogen; leicht nussig*
EMPFOHLENE RÖSTTIEFE	*mittel bis stark; für alle Zwecke*
★ ★ ★	*Spitzenqualität*

Die Erträge sind von rund 600 kg pro Hektar Anfang der 60er Jahre auf heute 900 kg pro Hektar gestiegen. In Ausnahmefällen werden auch 2500 kg pro Hektar erzielt. Der Erhalt der Qualität hat jedoch oberste Priorität für die Kaffeefarmer, die sich 1927 zur Federación Nacional de Cafeteros de Colombia, kurz FNCC genannt, zusammengeschlossen haben. Obwohl die FNCC eine private Organisation ist, arbeitet sie eng mit der Regierung zusammen und legt in guten Ertragsjahren Reserven an, wenngleich der Organisation in den letzten Jahren aufgrund der ständig fallenden Kaffeepreise das Geld ausgegangen ist. Ihr Engagement zeigt sich dennoch in vielen Bereichen: Sie unterstützt das Gesundheits- und Schulwesen, finanziert den Straßenbau, stellt akademisch ausgebildete Landwirte ein, arbeitet in der Forschung, kontrolliert die Kaffeequalität, führt die Hälfte

Kolumbianischer Kaffee steht für Qualität und erlesenen Geschmack.

Kaffeesaatbeet, Kolumbien

des Exportkaffees direkt aus und beschäftigt Vertriebsagenten: alles in allem also eine Organisation mit Modellcharakter, wie sie auch in Kenia zu finden ist.

Die Kaffeebauern können die gesamte Ernte zum offiziellen Mindestabnahmepreis an die FNCC verkaufen oder aber an die Exporteure, die ihnen eventuell einen höheren Preis zahlen. Das Exportgeschäft nach Europa hat die FNCC fest im Griff, während die Lieferungen in die USA meist durch private Exporteure abgewickelt werden. Für alle Exporte muß jedoch ein Mindestexportpreis, der sogenannte *reintegro cafetero*, gezahlt werden.

Kolumbien ist das einzige südamerikanische Land mit Häfen am Atlantik und am Pazifik, ein glücklicher Umstand, der erheblich dazu beiträgt, Transport- und Verschiffungskosten niedrig zu halten. Die Hauptanbaugebiete liegen an der Zentral- und Ostkordillere, die wichtigsten Plantagen des mittleren Gebirgszuges bei Medellín, Armenia und Manizales. Von den drei genannten Regionen liefert Medellín den feinsten Kaffee: Er hat einen kraftvollen Körper, ein volles Aroma und einen ausgewogenen Säuregehalt. Die drei Regionen sind unter dem Kurzwort MAM bekannt, abgeleitet von den Anfangsbuchstaben der Hauptstädte, und ein Großteil des für den Export bereitgestellten kolumbianischen Spitzenkaffees stammt vermutlich von dort. Kaffee speziell aus Medellín würde auch als solcher deklariert und zu Höchstpreisen verkauft. Die besten Anbauregionen der Ostkordillere liegen bei Bogotá und weiter nördlich bei Bucaramanga. Kaffee aus Bogotá ist zwar säureärmer als Medellín-Kaffee, aber ebenso edel.

Deutschland importiert 25 Prozent aller kolumbianischen Kaffee-Exporte, was auf deren gleichbleibende Qualität schließen läßt. Die Kaffeequalität wird eingeteilt in Supremo, Excelso und UGQ, was für »Unusual Good Quality« steht. Excelso und Supremo sind in vielen Kaffeegeschäften erhältlich. Der »offizielle« Unterschied zwischen den beiden Qualitäten besteht darin, daß der Supremo großbohniger ist. Meist stammt dieser Kaffee von Produzenten, die aufgrund moderner Anbaumethoden Bohnen in gleichbleibender Qualität liefern können. Excelso ist häufig weicher und säurebetonter, obwohl beide Sorten aromatisch und fruchtig sind und eine gute Geschmacksfülle zeigen. Kolumbianischer Kaffee wird oft als samtig beschrieben und ist sehr ausgewogen im Geschmack.

Ecuador

Vermutlich die am höchsten gelegenen Arabica-Pflanzungen überhaupt

Arabica-Kaffee wird in Ecuador erst seit 1952 kultiviert. Der Kaffee ist qualitativ hochwertig, vor allem wenn er im Juni geerntet wird.

Die Bohnen werden eingeteilt in die jeweils schweren und großen Galapagos und Gigante sowie in No. 1 und Extra Superior, was der skandinavischen Standard-Konsumqualität entspricht.

Das größte Problem der Kaffeeanbauer besteht darin, eine gleichbleibende Qualität zu liefern. Trotzdem ist der Kaffee im allgemeinen sehr ausgewogen und rein im Geschmack mit exzellentem, etwas eigenwilligem Aroma.

Ecuador gehört zu den wenigen südamerikanischen Ländern, wo sowohl Robusta als auch Arabica angebaut wird. Die besten Arabica-Kaffees stammen aus dem Andenhochland, das von der in Nordsüdrichtung verlaufenden Ost- und Westkordillere begrenzt wird, besonders aber aus dem Chanchamgo-Tal.

GESCHMACK	*ausgewogen und intensiv*
EMPFOHLENE RÖSTTIEFE	*mittel bis stark, sehr vielseitig*
★	*Standard-Konsumqualität*

GESCHMACKSPROFIL

Körper	2
Säure	3
Harmonie	4

Galapagosinseln

Eine Rarität aus der Heimat der Riesenschildkröte

Diese außergewöhnliche Kaffeerarität zeichnet sich durch höchste Qualität aus und wird absolut biologisch angebaut.

Der Kaffeeanbau erfolgt auf San Cristóbal, einer der größeren Inseln des Archipels im Stillen Ozean und der einzigen Insel mit reichlich Frischwasser. Die von der auf 410 Meter gelegenen Lagune El Junco gespeisten Bäche fließen die zerklüfteten vulkanischen Berghänge im Süden der Insel herab, wo sie den Boden mit ihrem mineralreichen Wasser feucht und fruchtbar erhalten.

Mañuel J. Cobos, ein gebürtiger Ecuadorianer, bepflanzte 1875 auf der Hacienda El Cafetal auf San Cristóbal 100 Hektar Land mit Arabica-Kaffee der Bourbon-Varietät. Die Plantage produziert den säurebetonten Strictly Hard Beans (SHB), einen Kaffee von sehr hoher Qualität.

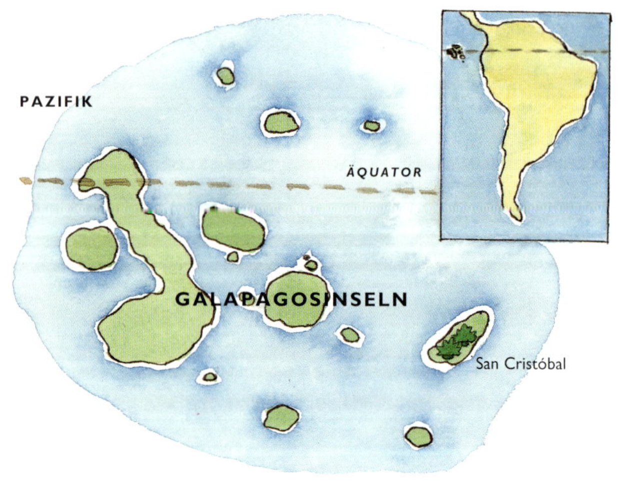

Als der internationale Kaffeemarkt mehr auf Quantität als auf Qualität setzte, brachen für die kleine qualitätsbewußte Kaffeeindustrie auf San Cristóbal harte Zeiten an, und schließlich wurde die Produktion mangels Rentabilität eingestellt. Anfang der 90er Jahre erwarb die Familie Gonzalez die Hacienda El Cafetal. Die optimalen Voraussetzungen durch das vom Humboldt-Strom beeinflußte Mikroklima, die äquatoriale Sonne und die drastischen klimatischen Veränderungen mit Temperaturen von 43 °C auf Meereshöhe und 10 bis 16 °C auf 275 Meter Höhe bewogen die Familie Gonzalez letztendlich, die Plantage zu erweitern.

Durch Rekultivierung ehemals genutzter Anbauflächen ist die Plantage heute doppelt so groß wie einst. Aufgrund ihrer einzigartigen Bedeutung für die Entwicklungsgeschichte von Pflanzen und Tieren erklärte die ecuadorianische Regierung die Galapagosinseln 1969 zum Nationalpark. Seitdem dürfen keine neuen Flächen wirtschaftlich genutzt werden. Hinzu kommt, daß die Einfuhr und der Einsatz von Kunstdünger, Pestiziden, Herbiziden und sonstigen Chemikalien streng verboten ist, so daß der Kaffee von den Galapagosinseln zumindest inoffiziell als Biokaffee gilt.

Die Jahresproduktion dieser Rarität beläuft sich auf etwa 500 Sack der Güteklasse II. Die Familie Gonzalez hofft indes, die Kaffeeproduktion in den nächsten Jahren auf 5000 Sack zu erhöhen, wobei die Hälfte davon auf die Güteklasse I entfallen soll.

GESCHMACK	*gehaltvoll, dezente Säure*
EMPFOHLENE RÖSTTIEFE	*kräftig bis mittel*
★ ★ ★	*Spitzenqualität*

GESCHMACKSPROFIL

Körper	4
Säure	3
Harmonie	3

PERU

Ein guter, ausgewogener Kaffee für Mischungen

Peru könnte eines der großen Kaffeeländer mit einem hervorragenden Kaffee sein, vorausgesetzt die wirtschaftlichen Verhältnisse stimmten und die politische Lage wäre stabil.

Bis zu 98 Prozent des peruanischen Kaffees werden in Waldgebieten kultiviert, und zwar größtenteils von Kleinbauern. Der Guerillakrieg, die Aktivitäten des Sendero Luminoso (»Leuchtender Pfad«) und der Drogenschmuggler, Krankheiten und horrende Inflationsraten beeinträchtigten den Kaffeeanbau in der Vergangenheit bzw. bereiten nach wie vor Probleme.

Mitte der 70er Jahre lag die Jahresproduktion bei rund 900 000 Sack Kaffee, inzwischen werden rund 1,3 Millionen Sack erreicht. Die Regierung hat ein Monopol auf die Vermarktung, auch wenn private Exporteure über Mittelsmänner

Kaffee aus den abgelegensten Regionen abholen lassen. Vor einigen Jahren wurde die Comera de Exportadores de Café del Peru gegründet, eine private Organisation, die es sich zur Aufgabe gemacht hat, die Kaffeequalität zu verbessern und bestimmte Standards festzulegen. Diese positive Entwicklung läßt für die Zukunft einiges erhoffen. Darüber hinaus sollen die Bauern dazu bewegt werden, anstelle der traditionellen Nutzpflanze Kakao Kaffeebäume anzupflanzen.

Die besten Kaffees kommen aus Chanchamayo, Cusco, Norte und Puno. Ein Großteil des peruanischen Kaffees wird als »Biokaffee« vermarktet – ein kühnes Unterfangen, wenn man bedenkt, daß es schwierig, wenn nicht gar unmöglich ist, die Anbaubedingungen aller Kaffeebäume zu kontrollieren. Für biologisch angebauten Kaffee werden in der Regel 10 bis 20 Prozent mehr gezahlt, und angesichts der weitverbreiteten Armut ist es mehr als wahrscheinlich, daß die Bauern sich weder Kunstdünger noch Pestizide leisten können. Trotzdem findet man nur schwer eine Möglichkeit, die Echtheit des biologischen Kaffees zu bestätigen.

Peruanischer Kaffee ist qualitativ durchaus mit jedem anderen mittel- oder südamerikanischen Kaffee vergleichbar. Der beste Kaffee indes wird für Mischungen nach Deutschland, Japan und in die Vereinigten Staaten ausgeführt, was auf seinen hohen Qualitätsstandard schließen läßt.

GESCHMACK	*ausgewogen, erlesene Säure*
EMPFOHLENE RÖSTTIEFE	*mittel bis stark; guter, vielseitiger Kaffee*
★	*Standard-Konsumqualität*

GESCHMACKSPROFIL

Körper	●●
Säure	●●●●
Harmonie	●●●●

Surinam

Ein bedeutsamer Name in der Kulturgeschichte des Kaffees

Surinam war das erste südamerikanische Land, in dem Kaffee kultiviert wurde, und Norwegen war der Hauptimporteur der Ernte. Heute wird hier kaum noch Kaffee angebaut; der kleine Staat ist allein aus geschichtlichen Gründen erwähnenswert.

Kaffepflücker auf dem Weg zur Arbeit, Radierung

Die Holländer, die sich 1667 in Surinam niedergelassen hatten, führten die Arabica-Pflanze Anfang des 18. Jahrhunderts von Java ein. Die ersten Bäumchen waren ein Geschenk des Bürgermeisters von Amsterdam an einen flämischen Piraten, der sie im damaligen Niederländisch-Guayana einpflanzen sollte. Ein paar Jahre später gelangte der Kaffee auch ins benachbarte Französisch-Guayana, und zwar durch einen französischen Kriminellen. Man hatte ihm die Begnadigung und eine freie Überfahrt nach Frankreich versprochen, falls es ihm gelänge, Kaffeepflanzen in die französische Kolonie zu bringen.

Venezuela

Das Land liefert hervorragende Kaffees von ausgesuchten Plantagen.

Früher galt Erdöl als das wichtigste Exportgut Venezuelas. Als das Öl Hochkonjunktur hatte, gab es praktisch keine Kaffeeproduktion mehr, obwohl Kaffeepflanzen bereits 1730 aus Martinique eingeführt worden waren. In jüngster Zeit jedoch haben die Kaffeefarmen – sogenannte Fincas – mit alten Anpflanzungen von Tipica und Bourbon sowie Neupflanzungen wieder Auftrieb bekommen und den Grundstein zu einer neuen Kaffeeindustrie gelegt. Derzeit geht der meiste venezolanische Kaffee nach Rußland und Kolumbien, wo er erneut verladen wird. Doch inzwischen bemühen sich viele der klei-

nen »reaktivierten« Plantagen darum, selbst direkt exportieren zu können.

Die beste Anbauregion ist zweifelsohne der Bundesstaat Táchira im Südwesten, doch leider wird der Name »Táchira« inzwischen wahllos vergeben und kann für jedwede Kaffeebohne aus Venezuela stehen. Als die besten Kaffees gelten der Montebello aus San Cristóbal de Táchira, der Mirama aus Rubio de Táchira, der Granija aus Timote de Mérida sowie der Ala Granija aus Santa Anna de Táchira. Für Qualität bürgen auch die Namen Maracaibo (eigentlich der Verschiffungshafen für den Exportkaffee), Mérida und Trujillo sowie Santa Filomena und Cúcuta.

Im Bundesstaat Mérida, an den Ausläufern der Anden, liegt die Plantage von Pablo und Luisa Helena Pulido. Sie ist eine der alten Kaffeefarmen, die man verfallen ließ, bis sie Anfang der 80er Jahre von den Pulidos übernommen wurde. Seitdem erntet die Familie Kaffeekirschen der alten Bourbon-Qualität, hat aber auch neue Pflanzungen angelegt.

Die einst für ihren Kaffee berühmte Region um Caracas wird mittlerweile auch wieder für den Kaffeeanbau genutzt. Ein besonders guter Kaffee stammt von Tipica-Gewächsen aus der Plantage von Jean und Andres Boulton in Turgua.

Venezolanischer Kaffee ist unverwechselbar im Geschmack: leicht und fein mit auffallend wenig Säure. Dadurch eignet er sich sowohl für Mischungen wie auch als sortenreiner Kaffee.

GESCHMACK	*angenehm fruchtiges Aroma*
EMPFOHLENE RÖSTTIEFE	*mittel bis stark; vielseitig*
★ ★	*gute Qualität*

GESCHMACKSPROFIL

Körper	3
Säure	2
Harmonie	3

Prüfung der Kaffeemischungen, Kenia

AFRIKA

Angola

Eine unsichere Zukunft für das Erzeugerland

Mitte der 70er Jahre exportierte Angola jährlich mehr als 3,5 Millionen Sack Kaffee, davon 98 Prozent Robustas. Im Jahr 1990 war die Gesamtproduktion auf 200 000 Sack Kaffee gesunken; heute sind im Westen keine angolanischen Kaffees mehr erhältlich. Die bekanntesten Namen der Vergangenheit sind Ambriz, Amborim und Novo Redondo. Ein Großteil des angolanischen Kaffees wurde in die USA, die Niederlande und nach Portugal ausgeführt.

GESCHMACK	*Der Kaffee war bekannt für seinen hohen Säuregehalt*
EMPFOHLENE RÖSTTIEFE	*mittel bis stark*
★	*Standard-Konsumqualität*

Burundi

Gehaltvoller, milder Kaffee aus einem Krisengebiet

Burundi hat eine sehr vielseitige und erfolgreiche Kaffeeindustrie, die bereits in den 30er Jahren von den belgischen Kolonialherren begründet wurde.

Fast der gesamte Kaffee, der in Burundi erzeugt wird, stammt von Arabica-Bohnen. Die Kaffeebäume in Ngozi werden in Höhenlagen über 1200 Meter kultiviert. Der dort geerntete Kaffee zeichnet sich durch eine gehaltvolle Säure und ein sehr vollmundiges Aroma aus. Ein Großteil der Erntemenge wird in die USA, nach Deutschland, Finnland und Japan ausgeführt.

GESCHMACKSPROFIL

Körper	4
Säure	4
Harmonie	3

GESCHMACK	*vollmundig mit ausgeprägter Säure*
EMPFOHLENE RÖSTTIEFE	*mittel und stark/dunkel*
★ ★	*gute Qualität*

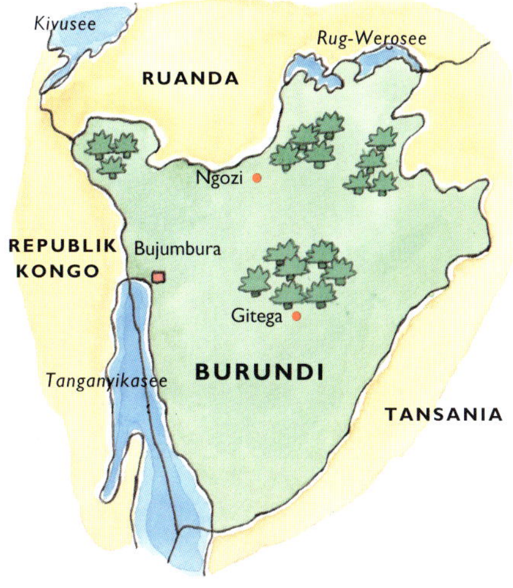

Kamerun

Ein Kaffee starker Röstung – gut für Espresso

Mit der Kultivierung von Arabica-Kaffee der Sorte Blue Mountain aus Jamaica wurde in Kamerun 1913 begonnen, doch mittlerweile produziert das Land die gleiche Menge Robusta- und Arabica-Bohnen. Der beste Kaffee kommt aus Bamileke und Bamoun im Nordwesten Kameruns. In Qualität und Charakter konnte er sich bis vor einigen Jahren durchaus mit Kaffee aus Südamerika messen. Auch Riesenbohnen und Perlbohnen werden in kleinen Mengen produziert.

Qualitätseinbußen haben jedoch dazu geführt, daß die Produktion sowohl von Robusta als auch von Arabica stark zurückging. Da die Machtbefugnisse der Kaffeeüberwachungsbehörde inzwischen eingeschränkt sind, darf man auf einen Anstieg der Qualität wie Quantität hoffen.

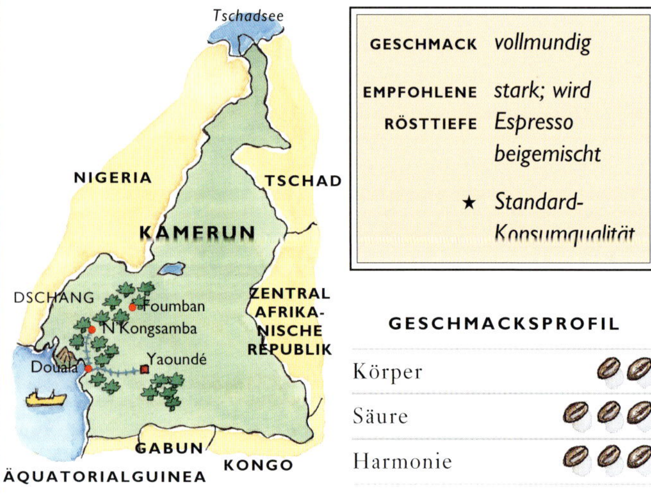

GESCHMACK	*vollmundig*
EMPFOHLENE RÖSTTIEFE	*stark; wird Espresso beigemischt*
★	*Standard-Konsumqualität*

GESCHMACKSPROFIL

Körper	2
Säure	3
Harmonie	3

ÄTHIOPIEN

Am Anfang war Äthiopien.

Die Urheimat des Arabica-Kaffees ist Äthiopien, und benannt wurde er nach der äthiopischen Provinz Kaffa. Noch heute findet man dort wildwachsende Kaffeebäume, die einen Kaffee von weinigem Aroma und kraftvollem Körper hervorbringen. Der Überlieferung nach waren es Mönche, die im 9. Jahrhundert den Kaffee erstmals als Getränk nutzten, um während der nächtlichen Gebete wach zu bleiben.

Heute ist Äthiopien ein wichtiges Kaffee-Erzeugerland und von allen afrikanischen Staaten der Hauptexporteur von Arabica-Bohnen. Äthiopische Qualitätskaffees sind unverwechselbar im Geschmack und zählen zu den besten der Welt. Rund 12 Millionen Äthiopier leben vom Kaffeeanbau.

Äthiopische Kaffeezeremonie nach alter Tradition

Von wildwachsenden Kaffeehainen und Pflanzungen, die mehr oder weniger sich selbst überlassen bleiben, über kleine Familienbetriebe bis hin zu großen Plantagen ist hier alles anzutreffen. Etwa 50 Prozent der Kaffeeproduktion werden in Höhenlagen, 1500 Meter über dem Meeresspiegel, angebaut.

Ein Name, den man sich unbedingt merken sollte, ist Harer, weil diese Region zu den höchst gelegenen Anbaugebieten überhaupt gehört. Kaffee aus Harer wird in Shortberry und Longberry unterteilt, wobei letzterer die begehrtere Sorte ist. Der Longberry Harer ist weich, weinig, ausgesprochen würzig-kräftig mit feiner Säure – ein Kaffee von unvergleichlichem Aroma. Bekannt ist auch das Anbaugebiet Jima, wo auf einer Höhe von über 1200 Metern wildwachsender Kaffee geerntet wird, der als Lima und Babeka auf den Markt kommt.

Die wohl härtesten Bohnen in Äthiopien sind die Yirgacheffes, die nach Japan und Europa ausgeführt werden, in den Vereinigten Staaten aber nur selten anzutreffen sind. Das liegt daran, daß der deutsche Röster Dallmayr, ein Unternehmen der Firmengruppe Nestlé, sehr enge Geschäftsbeziehungen zu Anbauern von Yirgacheffes-Kaffee aufgebaut hat und demzufolge meist die größte Einzellieferung dieser Bohnen erhält.

Äthiopischer Kaffee ist nicht leicht zu beschreiben. Er hat weder ein allzu kräftiges Aroma noch die Säure, die man zum Beispiel von kenianischem Kaffee erwartet. Er sollte nicht zu stark geröstet werden, da er sonst seinen besonderen Charakter verliert.

Der erste Kaffee, der Berühmtheit erlangte, war der Mokka (siehe unter Jemen), und er kommt dem Charakter des äthiopischen Kaffees am nächsten. Guter Kaffee aus Äthiopien hält einem Vergleich mit feinen Kaffeesorten anderer Herkunft durchaus stand, und so ist es kein Wunder, daß für die besten gewaschenen Arabicas Höchstpreise erzielt werden.

Die Kaffeeindustrie untersteht der Ethiopian Coffee Marketing Corporation (ECMC), die über 90 Prozent des Exportmarktes kontrolliert. Trotz der streng marxistisch ausgerichteten Regierung hat es schon immer einige private Exportfirmen gegeben. Allem Anschein nach verliert die ECMC jedoch zunehmend ihre Machtposition, da die einzelnen Regionen verstärkt ihren Einfluß geltend machen. Von dieser Entwicklung profitiert nicht nur die Kaffeeindustrie generell, sondern auch jeder einzelne Händler. Der Kaffee kommt täglich zur Auktion, und ein Großteil davon wird nach Deutschland, Frankreich, Japan und in die USA ausgeführt. Von allen afrikanischen Staaten hat Äthiopien den größten Eigenbedarf an Kaffee.

Ein Problem, mit dem auch schon der Jemen heftig zu kämpfen hatte, ist die übermäßige Kultivierung des Katstrauches. Viele Kaffeepflanzen wurden dafür vernachlässigt und, um Platz zu schaffen für den Katstrauch, sogar ausgerissen. Daher profitiert das Land von jedem Anstieg der Kaffeepreise auf dem Weltmarkt.

GESCHMACK	*sehr gehaltvoll, fruchtig, weinig, würzig-kräftig*
EMPFOHLENE RÖSTTIEFE	*mittel*
★ ★ ★	*Spitzenqualität*

GESCHMACKSPROFIL

Körper	1
Säure	4
Harmonie	5

Elfenbeinküste

Mehr Quantität statt Qualität aus einem der bedeutendsten Kaffeeanbauländer

Die Elfenbeinküste gehörte noch nie zu den Erzeugern von Spitzenkaffees, und nur ein geringer Anteil der Produktion stammt von Arabica-Gewächsen. Das Land wird in diesem Kaffeeführer jedoch erwähnt, weil es Anfang der 80er Jahre mit fünf Millionen Sack pro Jahr der drittgrößte Kaffeelieferant der Welt war, und selbst heute, gut 15 Jahre später, mit einer Kaffee-Ernte von 4,2 Millionen Sack noch an siebter Stelle steht. In der Produktion von Robusta-Kaffee wird die Elfenbeinküste lediglich von Indonesien (mit 7,1 Millionen Sack) übertroffen.

Schuld an diesem Produktionsrückgang sind die vergleichsweise schlechten Erträge, die in den 80er Jahren noch bei 250 kg pro Hektar lagen. Diese wiederum sind teils auf die drückende Armut im Land, teils auf die überalterten und da-

Zum Trocknen ausgebreitete Kaffeekirschen, Elfenbeinküste

her natürlich weniger ertragreichen Kaffeebäume zurückzuführen.

Als Maßnahme zur Rettung der prekären Situation wurde die nationale Kontrollbehörde umorganisiert und ein Teil der Produktion privaten Unternehmern überlassen. Kaffeefarmer, die Spitzenqualitäten liefern, erhalten einen Mindestabnahmepreis, gleichzeitig wird der Direktexport gefördert.

Derzeit gehen etwa 80 Prozent der Kaffee-Exporte in die Europäische Gemeinschaft, vor allem nach Frankreich und Italien. Wer in einem dieser genannten Länder Kaffee in Standard-Konsumqualität trinkt, kann davon ausgehen, daß die Mischung Kaffee von der Elfenbeinküste enthält.

Erwähnenswert ist noch, daß die Elfenbeinküste ein Zentrum für den Kaffeeschmuggel ist – ein Großteil der Ware geht durch die Nachbarstaaten Mali und Guinea.

GESCHMACK	*vollmundig*
EMPFOHLENE RÖSTTIEFE	*stark/dunkel*
★	*Konsumqualität*

GESCHMACKSPROFIL

Körper	●●●
Säure	●●
Harmonie	●●●

KENIA

Kenianischer Kaffee ist berühmt für seinen kraftvollen Körper und seine ausgeprägte Säure.

Fast jeder, der in der Kaffeebranche arbeitet, zählt kenianischen Kaffee zu seinen Lieblingssorten. Das liegt vermutlich daran, daß Kaffee aus Kenia alles bietet, was man sich von einer guten Tasse Kaffee wünscht: Er ist herrlich aromatisch, in bezug auf Säure und Körper sehr ausgewogen und schmeckt angenehm fruchtig.

Der Kaffeeanbau in Kenia begann im 19. Jahrhundert mit äthiopischem Kaffee, der über den Südjemen eingeführt wurde, doch erst Anfang des 20. Jahrhunderts kamen über die St. Austin Mission Bourbon-Kaffeebäume ins Land.

Der kenianische Kaffee wächst größtenteils auf einer Höhe von 1500 bis 2100 Metern. Zweimal im Jahr wird geerntet. Da nur die reifen Kaffeekirschen gepflückt werden, kann es vorkommen, daß die gesamte Anpflanzung bis zu siebenmal abgeerntet werden muß. Der Kaffeeanbau erfolgt durch Kleinbauern. Diese liefern die frisch geernteten Kaffeekirschen bei

Meryl Streep als die Dänin Tania Blixen auf ihrer kenianischen Kaffeefarm in »Jenseits von Afrika«

einer zentralen Sammelstelle ab, wo diese gewaschen werden und anschließend als trockene Pergamentbohnen die Vermarktungsgenossenschaft erreichen.

Die Regierung nimmt den Kaffeeanbau sehr ernst. Es ist zum Beispiel verboten, Kaffeebäume auszureißen oder zu beschädigen. Da kenianischer Kaffee nur in ausgewählte Importländer geht, legt Kenia wie kein anderes Land größten Wert auf die Einhaltung von Qualitätsstandards bei Anbau, Produktion und Vermarktung des Kaffees. Alle Kaffeebohnen werden zunächst vom Coffee Board of Kenya (CBK) aufgekauft. Diese Kommission testet und beurteilt den Kaffee. Anschließend werden die Bohnen auf wöchentlichen Auktionen veräußert, obwohl sie zum Verkauf nicht nach Qualität sortiert werden. Der CBK fungiert lediglich als Zwischenhändler, der Kaffeeproben einbehält und sie an die Käufer verschickt, damit diese Preis und Qualität beurteilen können. Die Kaffeeauktionen von Nairobi werden von privaten Exporteuren aufgesucht, und der CBK zahlt den Produzenten den Preis abzüglich einer Vermarktungsgebühr. Der Kaffee ist in Handelsklassen eingeteilt. PB (Peaberry = Perlbohnen) sind die besten, gefolgt von AA Plus-Plus, AA Plus, AA, AB usw.

Die Kaffeeauktionen sind so organisiert, daß die Kundenwünsche in bezug auf Mischungen berücksichtigt werden. Die einzelnen Partien sind mit drei bis sechs Tonnen relativ klein, und von jeder Partie gibt es Proben, die mit einer Herkunftsbezeichnung versehen sind. Qualitätsbewußte Käufer aus Deutschland und Skandinavien wissen dies zu schätzen und zählen somit zum festen Kundenstamm.

Die Nachfrage nach kenianischem Kaffee auf dem internationalen Markt läßt sich an den Zahlen ablesen. Im Kalenderjahr 1969/1970 wurden 0,8 Millionen Sack exportiert; 1985/1986 hatte der Export mit zwei Millionen Sack seinen Höchstwert erreicht. Mittlerweile hat er sich bei 1,6 Millionen Sack eingependelt, und im Schnitt liegen die Erträge bei 650 kg pro Hektar.

In letzter Zeit jedoch haben insbesondere die Japaner ihre Unzufriedenheit geäußert. Obwohl die sorgfältige Abwicklung der Kaffeegeschäfte durchaus Modellcharakter für alle Kaffee produzierenden Länder haben könnte, sind einige Händler der Meinung, daß die Qualität nachgelassen habe und die einzige Möglichkeit zur Qualitätsverbesserung darin bestünde, den Kaffee direkt von den Kaffeefarmern zu beziehen.

Mit dem Film »Jenseits von Afrika«, in dem Meryl Streep die dänische Schriftstellerin und Kaffeefarmerin Tania Blixen spielt, hat Hollywood vor einigen Jahren kräftig die Werbetrommel für kenianischen Kaffee gerührt. Vielen wird der Film wegen der atemberaubenden Landschaften und herrlichen Sonnenuntergänge in Erinnerung bleiben, anderen wiederum, weil sie sich ausmalten, wie schön es wäre, selbst eine solche Kaffeeplantage in Kenia zu besitzen.

GESCHMACK	*fruchtig-würzig, vollmundig*
EMPFOHLENE RÖSTTIEFE	*mittel; Spitzenqualitäten auch stark*
★ ★ ★	*Spitzenqualität*

GESCHMACKSPROFIL

Körper	4 von 5 Bohnen
Säure	5 von 5 Bohnen
Harmonie	5 von 5 Bohnen

Zwei der besten Kaffees aus Kenia: AA (links) *und Peaberry* (rechts)

Madagaskar

Ein Kaffee mit Zukunft

Madagaskar erzeugt vorwiegend Robusta-Kaffee, allerdings gibt es Pläne, die Arabica-Pflanzungen zu erweitern.

Die Kaffeeindustrie Madagaskars wurde 1989 privatisiert, so daß viele einschränkende Vorschriften entfielen. Die gesamte Rohkaffeeproduktion beträgt rund eine Million Sack. Der Inlandskonsum ist relativ hoch, und ein Großteil der Exporte geht nach Frankreich. Die Robustas, die Madagaskar produziert, sind hochwertige Spitzenkaffees.

Nach Plänen der Regierung sollen weitere 2000 Hektar mit Robusta-Gewächsen und 50 000 Hektar mit Arabica-Pflanzen kultiviert werden. Der Inselstaat könnte sich zu einem bedeutenden Produzenten von hochwertigen Arabicas entwickeln.

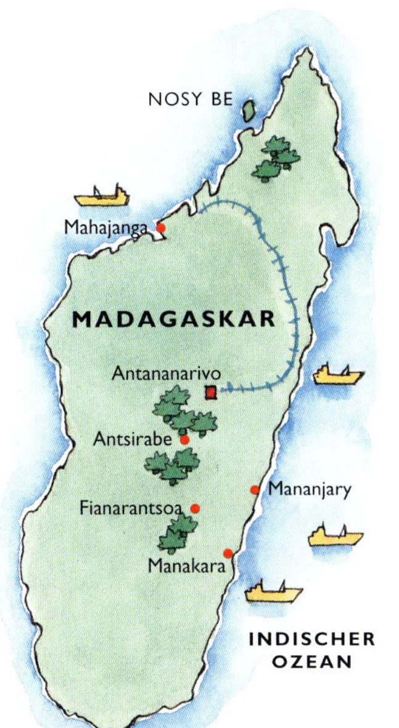

GESCHMACK	*ausgewogen, ausgeprägte Säure*
EMPFOHLENE RÖSTTIEFE	*mittel bis stark; für Cappuccino*
★ ★	*gute Qualität*

GESCHMACKSPROFIL

Körper	2
Säure	3
Harmonie	4

Moçambique

Keine Kaffeelieferungen aus diesem vom Bürgerkrieg erschütterten Land

Politische Probleme und interne Streitereien haben praktisch zum Untergang eines einst florierenden Wirtschaftszweiges geführt. In der Region Manica im Landesinnern wurden früher hochwertige Bohnen erzeugt, doch derzeit wird so gut wie kein Kaffee aus Moçambique exportiert.

Ruanda

Qualitätskaffee aus Arabica mit außergewöhnlich kräftigem, vollem Aroma

Der Geschmack des ruandischen Kaffees wird als »grasig« beschrieben, eine Geschmacksnuance, die auf das wechselfeuchte tropische Klima dieser Region zurückzuführen ist. Der Boden ist so nährstoffreich und das Klima so günstig für das Pflanzenwachstum, daß der Kaffee hier geradezu »hochgezüchtet« wird. Oft hat es den Anschein, als sei er zu schnell gewachsen, um Bohnen der absoluten Spitzenqualität hervorbringen zu können. Nichtsdestoweniger ist dieser Kaffee sehr gut – weich und mild im Geschmack, aber dennoch vollmundig.

GESCHMACK	*weich und vollmundig*
EMPFOHLENE RÖSTTIEFE	*sehr stark / dunkel*
★ ★	*gute Qualität*

GESCHMACKSPROFIL

Körper	●●●●
Säure	●●
Harmonie	●●

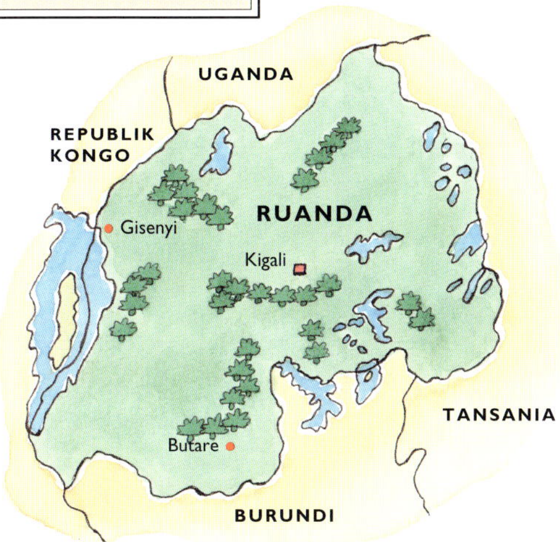

St. Helena

Napoleon hielt den Kaffee für das einzig Gute, was dieses Eiland hervorbrachte.

Die Vulkaninsel Sankt Helena liegt im südlichen Atlantik, 2000 km von Afrika und 3500 km von Brasilien entfernt. Rund 5000 Menschen leben dort. Berühmtheit erlangte Sankt Helena durch Napoleon, der 1815 nach der Schlacht bei Waterloo auf die Insel verbannt wurde und dort 1821 an Magenkrebs starb.

Der Kaffeeanbau auf Sankt Helena begann 1732 mit Pflanzen, die an Bord der aus dem Jemen kommenden *Houghton* eingetroffen waren. Weitere Pflanzungen, die um 1860 angelegt wurden, mißglückten.

Die Insel ist hier aufgeführt, weil dort in nächster Zeit mit einer regelrechten Kaffeerevolution zu rechnen ist. Mitte der 80er Jahre begann David Henry, die Kaffeeindustrie der Insel aufzubauen mit dem Ziel, die bestmöglichen Bohnen zu produzieren. Der Kaffee wird rein biologisch angebaut, und es kommen keine Maschinen zum Einsatz, nicht einmal ein Traktor.

GESCHMACK	gehaltvoll und süß
EMPFOHLENE RÖSTTIEFE	hell bis mittel
★ ★	gute Qualität

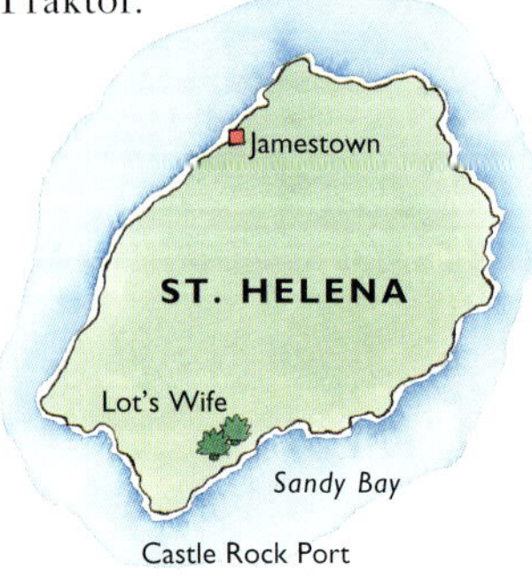

GESCHMACKSPROFIL

Körper	3 von 4 Bohnen
Säure	4 von 4 Bohnen
Harmonie	3 von 4 Bohnen

São Tomé e Principe

Eine geringe Produktion erlesener Arabica-Bohnen – von Natur aus mild und vollmundig

Die Vulkaninseln sind der zweitkleinste unabhängige Staat Afrikas. Da hier der Äquator verläuft, herrscht tropisches Regenklima, doch der Boden ist fruchtbar und durchlässig, so daß Kaffeebäume prächtig gedeihen.

Arabica-Bohnen, die um 1800 von Brasilien eingeführt wurden, machen auch heute noch 98 Prozent der Gesamternte aus. Es werden jedoch nur etwa 1000 Sack Kaffee pro Jahr ausgeführt, wobei ein Großteil dieser Exportmenge zu den qualitätsbewußten Konsumenten nach Skandinavien geht.

GESCHMACK	*vollmundig*
EMPFOHLENE RÖSTTIEFE	*stark; ein guter Kaffee zum Mischen*
★ ★	*gute Qualität*

GESCHMACKSPROFIL

Körper	3
Säure	3
Harmonie	2

Fernão Dias

São Tomé

SÃO TOMÉ E PRINCIPE

ATLANTIK

Praia Grande

Südafrika

Duftender, säurearmer Kaffee, der an mittelamerikanische Bohnen erinnert

Der Kaffeeanbau in Südafrika konzentriert sich auf das zwischen Lesotho und Moçambique gelegene Natal und auf das weiter nördliche Transvaal. Die südlichste Grenze ist der 30. Breitengrad; noch weiter südlich kann wegen Frostgefahr kein Kaffee mehr angebaut werden.

Die ursprünglich aus Kenia stammenden Kaffeebäume liefern eine ausgezeichnete Qualität. 1975 war der Kaffeeanbau auf etwa 1000 Hektar begrenzt, doch mit dem 1987 eingeführten Neunjahresplan konnten weitere 6000 Hektar in Kultur genommen werden.

Der südafrikanische Kaffee hat interessanterweise mehr Ähnlichkeit mit Bohnen aus Mittelamerika als mit denen aus Kenia, woher die ersten Pflanzen stammten.

GESCHMACK	*vollmundig mit feiner Säure*
EMPFOHLENE RÖSTTIEFE	*hell bis mittel*
★	*Konsumqualität*

GESCHMACKSPROFIL

Körper	●●●
Säure	●●●
Harmonie	●●

Sudan

Der Bürgerkrieg hat die Kaffeeproduktion fast zugrunde gerichtet.

Der schreckliche Bürgerkrieg, der mit kurzen Unterbrechungen seit 1983 im Süden des Landes tobt, hat das Leben von Millionen Menschen zerstört und in der Landschaft, die Kaffeeplantagen eingeschlossen, unsäglichen Schaden angerichtet.

Im Süden wird bzw. wurde Robusta-Kaffee angebaut, im Norden und Osten des Landes werden ursprünglich wildwachsende Arabica-Gewächse kultiviert.

Als die Schwarzen aus dem Süden des Landes von den Arabern versklavt und zumeist nach Arabien gebracht wurden, dienten ihnen als Wegzehrung Kaffeekirschen. Der Überlieferung nach waren es jene Bohnen, aus denen später die Arabica-Bohnen des Jemen kultiviert wurden.

Derzeit befindet sich die sudanesische Kaffeeproduktion - ebenso wie das Land – in einer äußerst kritischen Lage, und es wird kaum Kaffee exportiert.

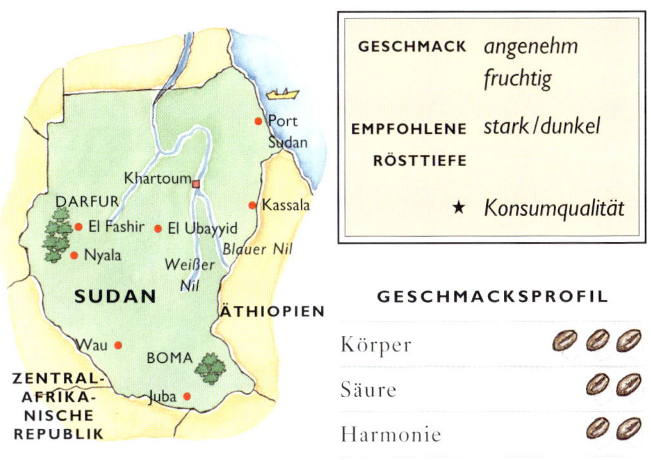

GESCHMACK	*angenehm fruchtig*
EMPFOHLENE RÖSTTIEFE	*stark/dunkel*
★	*Konsumqualität*

GESCHMACKSPROFIL

Körper	3 Bohnen
Säure	2 Bohnen
Harmonie	2 Bohnen

Tansania

Die Spitzenkaffees sind einzigartig – mit feiner, abgerundeter Säure und einem exzellenten Aroma

Der Kaffee ist ein wichtiges Exportgut der tansanischen Wirtschaft. Erzeugt wird eine nicht unerhebliche Menge an Perlbohnen, die angeblich geschmacksintensiver als reguläre Bohnen sind. Ein guter tansanischer Chagga AA aus der Region Moshi unweit des Kilimandjaro entwickelt eine vollmundige, edle Fülle und einen herrlichen Duft.

Die Kaffeeindustrie hat unter der politisch unsicheren Lage sehr gelitten. Die immer wieder auftretenden Schädlinge und Krankheiten tun ein übriges, damit die internationalen Standards nicht aufrechterhalten und eine gleichbleibende Qualität nicht garantiert werden können.

Das wiederum hatte einen Preisverfall zur Folge, wodurch es mit der Kaffeeindustrie weiter bergab ging. Hinzu kommt, daß zwischen 1969 und 1985 schätzungsweise zwölf Prozent der hochwertigen, im nördlichen Tansania angebauten Arabica-Bohnen nach Kenia eingeschmuggelt wurden. Inzwischen jedoch gibt es Anzeichen, daß sich die Lage bessert, denn schließlich zählt tansanischer Kaffee zu den feinsten Sorten auf dem internationalen Markt.

Während die Kaffeeindustrie früher hauptsächlich Plantagenkaffee vermarktete, wird Kaffee heute zu mehr als 85 Prozent von Kleinbauern erzeugt, von denen sich viele zu Kooperativen zusammengeschlossen haben. Der wichtigste Zusammenschluß von Kaffeeanbauern ist die Kilimanjaro Cooperative Union (KNUC). Der Kaffee wird vom Tanzanian Coffee Marketing Board (TCMB) meistbietend an Privatunternehmer verkauft. Die Kaffeeindustrie wird immer unabhängiger, so daß in Zukunft auch private Interessenten oder Gruppen Kaffee kaufen können. Der Kaffee wird dann unterschiedlich klassifiziert, um Kundenwünschen in Deutschland, Finnland, den Niederlanden, Belgien und Japan zu entsprechen.

GESCHMACK	*vollmundig, weich und mit wenig Säure; harmonisch und ausgewogen*
EMPFOHLENE RÖSTTIEFE	*mittel*
★ ★	*gute Qualität*

GESCHMACKSPROFIL

Körper	5
Säure	3
Harmonie	4

Tansanischer Kibo Chagga – von Kaffeekennern hochgeschätzt

UGANDA

Ein Kaffee mit großer Zukunft

Die Arabica-Produktion macht derzeit zwar nur zehn Prozent der Gesamternte aus, aber es lohnt sich, diesen Kaffee im Auge zu behalten. Die besten Bohnen werden im Nordosten, entlang der kenianischen Grenze, rund um Bugisu und den Mount Elgon, sowie im Westen rund um den Mount Ruwensori angebaut und sind im Januar oder Februar exportfertig.

Das äquatoriale Regenklima hat wesentlich dazu beigetragen, daß Uganda eines der wichtigsten Anbauländer für Robusta-Kaffee wurde. In den 60er Jahren betrug die Kaffee-Ernte noch 3,5 Millionen Sack pro Jahr, sank dann aber wegen politischer Unruhen Mitte der 80er Jahre auf etwa 2,5 Millionen Sack. Mittlerweile ist die Kaffeeproduktion wie-

Sortieren der Kaffeebohnen, Uganda

der angestiegen und liegt derzeit bei rund 4,5 Millionen Sack à 60 kg. Ein großes Problem für die Kaffeeindustrie sind die fehlenden Transportwege zu den Häfen Mombasa in Kenia oder Daressalam in Tansania.

Im November 1990 wurde das Monopol des Coffee Marketing Board (CMB) mit dem Ziel aufgelöst, eine Qualitätsverbesserung sowie eine Kostensenkung zu bewirken. Die Aufgaben des CMB haben inzwischen Genossenschaften übernommen. Da die privatisierte Industrie mittlerweile etwa zwei Drittel der Exporterlöse des Landes erwirtschaftet, sah sich die Regierung veranlaßt, den Kaffee zu besteuern. Das Ergebnis war ein Rückgang der Kaffee-Exporte um 20 Prozent und ein Anstieg des Kaffeeschmuggels.

Der letzte Anstieg der Kaffeepreise hat viele Kaffeebauern dazu bewogen, auf ihre Plantagen zurückzukehren, und es bleibt zu hoffen, daß weite Teile des brachliegenden Landes wieder in Kultur genommen werden.

GESCHMACK	*vollmundig, gehaltvoll, sehr ausgewogen*
EMPFOHLENE RÖSTTIEFE	*mittel bis stark*
★ ★	*gute Qualität*

GESCHMACKSPROFIL

Körper	4 Bohnen
Säure	4 Bohnen
Harmonie	5 Bohnen

JEMEN

Bohnen mit einem würzig-kräftigen Aroma aus der Heimat des Kaffees

Lange vor dem 6. Jahrhundert hieß der Jemen noch Arabien, und die Kaffeebäume, die von dort in die Welt gingen, wurden *arabica* genannt, auch wenn diese ursprünglich äthiopischen Ursprungs waren. Für die weltweite Verbreitung der Kaffeebäume sorgten die Holländer. Holländische Handelsleute umschifften erst das Kap der Guten Hoffnung und segelten dann die afrikanische Ostküste hoch bis zum Hafen von Mocha, bevor sie zu ihrer Reise ins ferne Indien aufbrachen. Im Jahr 1696 nahmen die Holländer Kaffeepflanzen mit nach Ceylon, später auch nach Batavia auf der Insel Java.

Mokkabohnen sind kleiner und rundlicher als die meisten anderen Kaffeebohnen, was ihnen das Aussehen von Perlbohnen verleiht. Perlbohnen werden mitunter sogar als Mokka bezeichnet. Der feinste Mokka ist dem äthiopischen Harer vergleichbar. Er besitzt einen feinen Körper und eine füllige Säure wie kenianischer Kaffee, jedoch in Kombination mit einer beinahe unbeschreiblichen exotischen Schärfe. Hinzu kommen das aufregend würzige Aroma und eine schokoladi-

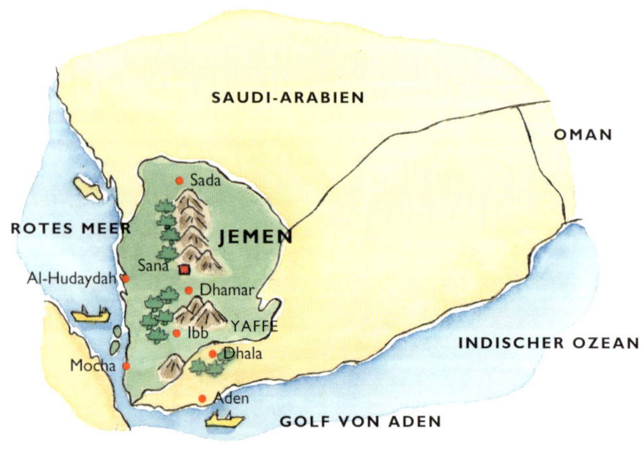

ge Fülle, so daß die Zugabe von Schokolade zum Kaffee eine zwangsläufige Entwicklung war. Im Jemen dienen Pappeln als Schattenbäume für den Kaffee. Die Kaffeebäume werden wie früher auf steilen Terrassen angepflanzt, um die geringen Niederschläge und das wenige kultivierbare Land optimal auszunutzen. Neben Typica- und Bourbon-Gewächsen werden noch etwa zehn lokale Varietäten, Abkömmlinge der äthiopischen Urpflanze, kultiviert. Selbst die feinsten Qualitäten wie der Mokka Extra werden trocken aufbereitet, das heißt, den Bohnen haftet noch das Fruchtfleisch an. Die trockene Umhüllung wird nicht selten auf traditionelle Art zwischen Mahlsteinen abgerieben, was die Bohnen in ihrem Aussehen beeinträchtigt und sie häufig auch beschädigt.

Jemenitischer Kaffee kann ganz vorzüglich sein – mild und aromatisch –, eine gleichbleibende Qualität läßt sich aber leider nicht garantieren. Die Klassifizierung der Bohnen ist uneinheitlich, wenngleich die besten Kaffees seit eh und je aus Mattari kommen, die zweitbesten Qualitäten aus Sharki und Sanani. Die von Natur aus koffeinarmen Bohnen sind zwischen Dezember und April exportbereit. Da den Kaffeebauern meist die finanziellen Mittel für Kunstdünger etc. fehlen, stammt der Kaffee fast ausschließlich aus organischem Anbau.

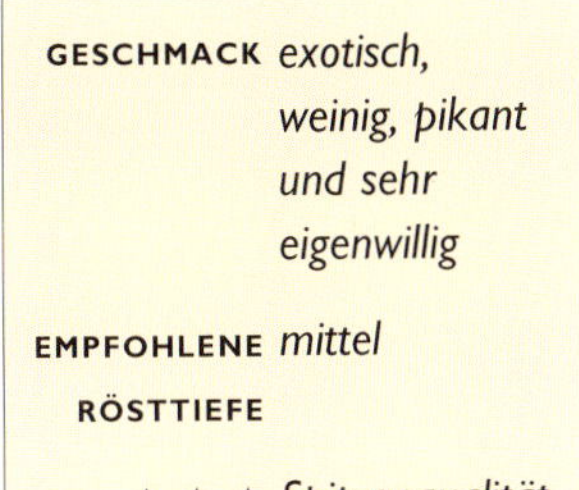

»Bagdad-Kocher«, ein verkupferter Kaffeekessel, wie er Mitte des 17. Jahrhunderts gebräuchlich war

REPUBLIK KONGO

Arabica-Bohnen waren einst berühmt für ihre Qualität und Quantität

Der beste Kaffee wird im Nordosten des Landes angebaut, insbesondere in den Provinzen Oriental und Kivu, wo einst mit die besten Perlbohnen und Riesenbohnen erzeugt wurden. Spitzenkaffee aus der Republik Kongo ist inzwischen leider selten geworden. Kaffeeliebhaber werden jedoch von dieser besonderen Rarität begeistert sein, denn wie kenianischer Kaffee ist er sehr ausgewogen in Säure, Körper und Aroma.

Die Kaffeeindustrie ist mittlerweile privatisiert, und es bleibt zu hoffen, daß sich Investoren zur Wiederbelebung dieses Wirtschaftszweiges finden. Auf etwa 40 000 Hektar wird Arabica und auf 220 000 Hektar Robusta angebaut. Bevor das Land 1960 als Zaire in die Unabhängigkeit entlassen wurde, erfolgte der Kaffeeanbau hauptsächlich auf großen Plantagen, nach dem Preissturz 1989 verließen jedoch viele Anbauer ihre Pflanzungen. Heute wird der Kaffee vor allem von Kleinbauern erzeugt.

GESCHMACK	*säurebetont; gut zum Mischen geeignet*
EMPFOHLENE RÖSTTIEFE	*mittel bis stark*
★	*Konsumqualität*

GESCHMACKSPROFIL

Körper

Säure

Harmonie

Sambia

Milder als kenianischer Kaffee und geeignet für die späteren Stunden des Tages

Aus Kenia und Tansania kommend, erreichte der Kaffee Anfang des 20. Jahrhunderts Sambia. Heute sind sowohl Riesen- als auch Perlbohnen von dort erhältlich.

Die besten sambischen Kaffees sind von guter bis sehr guter Qualität, in Geschmack und Preis ähnlich wie kenianischer Kaffee, wenngleich etwas milder. Angebaut wird der Kaffee in zwei Regionen im Norden bei Kasama, in den Provinzen Nakonde und Isoka sowie unweit der Hauptstadt Lusaka.

GESCHMACK	*vollmundig; gut zum Mischen*
EMPFOHLENE RÖSTTIEFE	*stark; gut für Espresso*
★ ★	*gute Qualität*

GESCHMACKSPROFIL

Körper	●●●
Säure	●●●
Harmonie	●●●

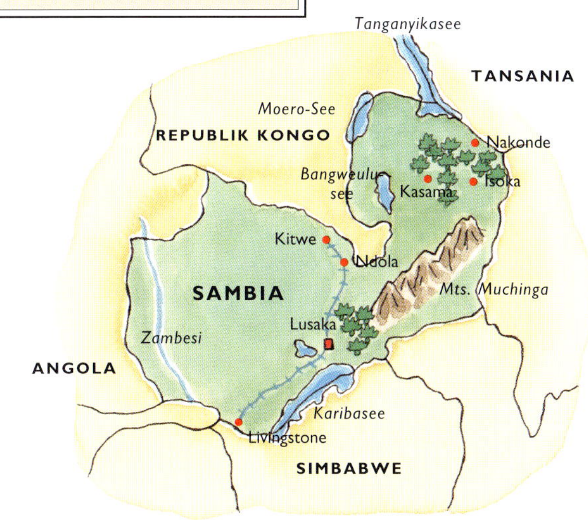

Simbabwe

Hochwertige Arabica-Bohnen für Gourmet-Kaffees

Mit dem Kaffeeanbau wurde in Simbabwe in den 60er Jahren begonnen, als südafrikanische Farmer dort die ersten Kaffeeplantagen anlegten. Die Kaffeeproduktion des Landes konzentriert sich auf das östliche Hochland (Highveld), unweit der Grenze zu Moçambique. Das Hauptanbaugebiet liegt rund um die Stadt Chipinge am südlichen Ausläufer des östlichen Hochlands.

Zu den interessantesten Kaffeeproduzenten gehört der kleine Familienbetrieb Farfell Coffee Estate, der ausschließlich von Hand gepflückten und sonnengetrockneten Hochlandkaffee erzeugt. Der fruchtbare Boden, die Höhenlage und die regelmäßigen Niederschläge lassen die Arabica-Bäume so prächtig gedeihen, daß sie einen erlesenen Gourmet-Kaffee hervorbringen. Der simbabwische Kaffee ähnelt dem kenianischen. Qualitativ ist er durchaus mit einem Kenia AA zu vergleichen und zeichnet sich wie dieser durch einen milden, reinen und fruchtigen Geschmack aus.

GESCHMACK	*vollmundig, fruchtig*
EMPFOHLENE RÖSTTIEFE	*mittel*
★ ★	*gute Qualität*

GESCHMACKSPROFIL

Körper

Säure

Harmonie

SAMBIA
Karibasee
Harare
SIMBABWE
MATABELELAND
Mutare
MASHONALAND
Chipinge
Bulawayo
MOÇAMBIQUE
BOTSWANA
SÜDAFRIKA

Pflücken der Kaffeekirschen, Taiwan

Asien und Indischer Ozean

China

Kaffee aus der Heimat des Tees

Über die Frage, ob in China tatsächlich Kaffee angebaut wurde, zerbrachen sich Kaffee-Experten lange den Kopf.

China führt tatsächlich Kaffee aus, und bekanntlich wachsen dort auch Kaffeebäume. Niemand weiß jedoch, wie viele es sind und wieviel Kaffee erzeugt wird, denn es liegen keine Zahlen darüber vor. Möglicherweise ist zumindest ein Teil der von China exportierten Kaffeemenge wieder ausgeführter tansanischer Kaffee.

Daß China hier genannt wird, liegt hauptsächlich an seinem Wiederausfuhrhandel und an der zu erwartenden Erschließung dieses riesigen Landes als neuem Kaffee-Absatzmarkt.

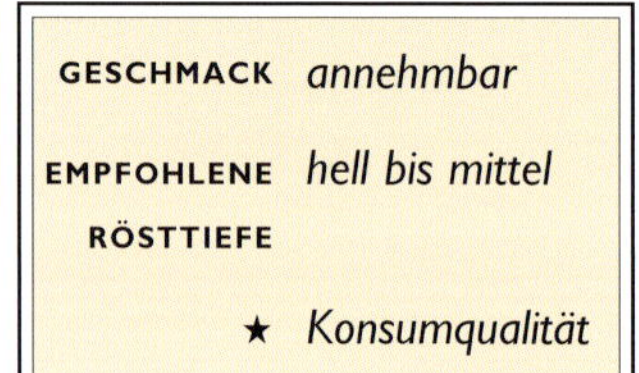

GESCHMACK	*annehmbar*
EMPFOHLENE RÖSTTIEFE	*hell bis mittel*
★	*Konsumqualität*

GESCHMACKSPROFIL

Körper

Säure

Harmonie

INDIEN

Kaffee mit feiner Würze und gutem Körper

Indischer Kaffee ist aus mehreren Gründen für Kaffeeliebhaber interessant, vor allem aber wegen eines speziellen Aufbereitungsverfahrens, das als »Monsooning« bezeichnet wird. Früher, als Waren und Menschen noch per Segelschiff von und nach Indien transportiert wurden, dauerte die Überfahrt nach Europa mehrere Monate. Während der Reise waren die grünen Bohnen hoher Luftfeuchtigkeit ausgesetzt, wodurch sich der Geschmack und die Farbe veränderten und die Bohnen am Ende der Reise einen seltsamen Gelbstich hatten.

Die Verbraucher hatten sich an diese Veränderung gewöhnt, ja schätzten sie regelrecht, und als die Verschiffungszeiten durch die modernen Dampfschiffe immer kürzer wurden, vermißten die europäischen Kaffeetrinker den gewohnten Geschmack. Um diesen wieder genießen zu können, wurde das »Monsooning« eingeführt, das heißt, man setzt den Rohkaffee nach der Ernte mehrere Wochen den Monsunwin-

den und dem Regen aus. Die Monsunwinde wehen im Südwesten Indiens von Mai bis Ende Juni, und während dieser Zeit werden die Bohnen in speziellen, nach oben hin offenen Lagerhäusern etwa 12 bis 20 cm hoch geschichtet. Dort verbleiben sie fünf Tage und werden von Zeit zu Zeit durchgeharkt, damit sie gleichmäßig der Luft ausgesetzt sind, die während dieser Zeit ungewöhnlich viel Feuchtigkeit enthält und die Bohnen aufquellen läßt. Anschließend werden die Bohnen eingesackt und die Säcke so gestapelt, daß die Monsunwinde sie von allen Seiten gut umwehen können. Nach sieben Wochen werden die Bohnen von Hand verlesen. Monsun-Kaffee ist von Oktober bis Februar erhältlich.

Qualitativ hochwertiger Kaffee wird außer im Staat Karnataka noch in Tellichery und Malabar im Staat Kerala angebaut, außerdem im Südwesten sowie in der Anbauregion Nilgiris im südöstlichen Staat Tamil Nadu (dem früheren Madras).

Die Probleme der indischen Kaffeeindustrie sind im wesentlichen die gleichen, mit denen das Land als Ganzes derzeit zu kämpfen hat: zu viel Bürokratie, Überbesteuerung und fehlende Investitionen. Gegenwärtig überwacht die indische Kaffeekommission (Indian Coffee Board) die Industrie und sammelt die Ernte für den Verkauf. Der Kaffee kommt dann in großen Partien zur Auktion. Bei diesen riesigen Mengen ist es leider nicht möglich, auf Plantagenkaffees und regionale Unterschiede Rücksicht zu nehmen. Vielen guten Kaffeeproduzenten fehlt daher der Anreiz, Kaffeebohnen mit einer ganz persönlichen Note oder von überdurchschnittlicher Qualität zu erzeugen. Um dem abzuhelfen, wurde 1992 mit der Produktion von »Valley Nuggets« begonnen. Dieser Kaffee stammt aus verschiedenen guten Anbaugebieten. Mit dieser Initiative hofft man, weitere Anbauer zu animieren, die das Bestreben haben, in den Gourmet-Kaffeemarkt vorzustoßen.

GESCHMACK	*weich, würzig, kraftvoller Körper*
EMPFOHLENE RÖSTTIEFE	*mittel*
★ ★	*gute Qualität*

GESCHMACKSPROFIL

Körper

Säure

Harmonie

Indonesien

Dieser belebende Kaffee mit dem kraftvollen Körper schmeckt rund um die Uhr.

Kaffee wird im ganzen Inselstaat angebaut, und Java steht für einen der großen Namen in der Kulturgeschichte des Kaffees.

Die Kaffeebäume wurden Mitte des 17. Jahrhunderts (nach Meinung einiger Experten sogar noch früher) von den Holländern in Indonesien eingeführt, und der erste auf Java geerntete Kaffee wurde 1712 in Amsterdam verkauft. Im Jahr 1877 zerstörte jedoch der Kaffeerost alle Plantagen, und so wurden als Ersatz für die alten Bäume Robusta-Gewächse aus Afrika importiert. Heute stammen nur noch sechs bis zehn Prozent der Gesamternte von Arabica-Bohnen, und inzwischen ist Indonesien mit 6,8 Millionen Sack pro Jahr der Hauptexporteur von Robustas. Der Kaffee wird größtenteils auf kleinen Plantagen erzeugt; diese sind zu etwa 90 Prozent an der Gesamtproduktion beteiligt.

Java produziert einen aromatischen, säurearmen Kaffee, der von Natur aus mild und sehr ausgewogen im Geschmack ist. Er ist etwas säurebetonter als Sumatra- oder Sulawesi-Kaffee und würziger im Geschmack. Die besten Plantagen sind Blawan, Jambit, Kayumas und Pankur. Mokka Java ist eine Mischung aus Java und jemenitischem Mokka.

Kaffeepflückerinnen nach getaner Arbeit

GESCHMACK	*kraftvoller Körper, schokoladig schwere Fülle; Java-Kaffee: erdiger, würziger; ausgewogene Säure*
EMPFOHLENE RÖSTTIEFE	*mittelstark bis stark; auch sortenrein ein guter Espresso; vorzüglich als Milchkaffee*
★ ★ ★	*Spitzenqualität*

GESCHMACKSPROFIL

Körper	●●●●●
Säure	●●
Harmonie	●●

Sumatra, die zweitgrößte Insel und das Zentrum der indonesischen Ölindustrie, zählt Kautschuk und Holz zu ihren wichtigsten Exportgütern. Sumatra-Kaffee, der dem Java-Kaffee sehr ähnlich ist, wird jedoch von vielen Kaffeekennern bevorzugt. Mandheling- und Ankola-Kaffees werden besonders geschätzt, wobei ersterer weltweit als der Arabica mit der höchsten Geschmacksfülle gilt.

Auf der zwischen Borneo und Neuguinea gelegenen Insel Celebes, die auf Indonesisch Sulawesi heißt, wächst ein Kaffee, der sich durch einen vollmundigen Geschmack und ein exquisites Aroma auszeichnet. Die bekanntesten Kaffees kommen aus Kalossi im Süden der Insel – man achte bei Markennamen vor allem auf Celebes Kalossi – und aus Rantepao.

Zu den führenden Kaffeeproduzenten auf Neuguinea gehört die Sigri-Plantage, die wie alle Plantagen auf der Insel einen sehr ausgewogenen Kaffee mit kraftvollem Körper erzeugt.

Indonesischer Kaffee ist im allgemeinen recht kräftig und würzig, hat eine schwere Geschmacksfülle und eine dezente Säure. Zu den wichtigsten Exportländern gehören Deutschland und Japan, was für den hohen Qualitätsstandard der Bohnen spricht. Die Arabicas sind bisweilen erstklassig und zeichnen sich durch eine edle Fülle aus. Wer seinen Kaffee mit Milch oder Sahne trinkt, kann bedenkenlos zu einem guten indonesischen Arabica-Kaffee greifen, ohne daß er Geschmackseinbußen zu befürchten hat.

Als die modernen Motorschiffe die Segelschiffe verdrängten, gab es mit dem indonesischen Kaffee die gleichen Probleme wie einst mit dem indischen Mysore-Kaffee. Die Konsumenten hatten sich so sehr an den Geschmack des Kaffees gewöhnt, daß sie das nun »frischere« Produkt nicht akzeptieren wollten. Da kam die indonesische Regierung auf die Idee, künstlich die Bedingungen zu schaffen, wie sie auf der langen Seereise in den Schiffsbunkern herrschten, und ließ die Kaffeebohnen über ein Jahr in speziellen Lagerhäusern, sogenannten *godowns*, »nachreifen«. Leider entsprach der Geschmack dieser überlagerten Bohnen nicht ganz den Kundenwünschen, so daß der gute Ruf des Java- und Sumatra-Kaffees allmählich verblaßte.

Der indonesische »Lagerhaus«-Kaffee mit dem eigentümlichen Geschmack wird auch heute noch produziert und als Old Government, Old Brown und Old Java verkauft.

Sortieren der Kaffeebohnen in Ost-Java, Indonesien

Réunion

Einst die Heimat der Bourbon-Varietät

Die ersten vierzig Kaffeebäume aus dem jemenitischen Hafen Mocha (Mokka) erreichten 1715 die Insel Réunion. Nur zwei Exemplare überlebten die Seereise, doch bereits 1719 hatte sich die Pflanzung so gut entwickelt, daß die ersten Bohnen verkauft werden konnten. In den folgenden Jahren leitete die Regierung drastische Schritte zur Förderung des Kaffeeanbaus ein. Sie erließ ein Gesetz, das jeden Inselbewohner, ob weiß oder schwarz, zwang, 100 Kaffeebäume pro Jahr zu pflanzen. 1723 wurde dieses Gesetz dahingehend verschärft, daß alle Sklaven nunmehr 200 Mokka-Kaffeebäume anpflanzen sollten und jeder, der eine Kaffeepflanze vernichtete, hingerichtet werden sollte.

Die Insel war bereits damals eine französische Kolonie und hieß bis 1848 Bourbon wie der dort angebaute Kaffee und die Arabica-Gewächse, die von dort in andere Länder ausgeführt wurden. Paradoxerweise ist die weltweit kultivierte und geschätzte Bourbon-Varietät auf Réunion heute kaum noch anzutreffen. Näheres zu den Geschmacksnuancen des Bourbon-Kaffees im Infokasten.

GESCHMACK	*gehaltvoll und kernig*
EMPFOHLENE RÖSTTIEFE	*mittel bis stark*
★ ★	*gute Qualität*

GESCHMACKSPROFIL

Körper	●●●
Säure	●●
Harmonie	●●●

Philippinen

Ein Kaffee mit Zukunft

Der Kaffee wurde Anfang des 18. Jahrhunderts auf den Philippinen eingeführt, und bereits 1880 war das Land der viertgrößte Kaffee-Exporteur der Welt. Der Rostpilz hatte jedoch so verheerende Auswirkungen auf die Kaffeekultur, daß das Land kurze Zeit später nur noch Kaffee importierte.

Mittlerweile wird wieder Kaffee produziert, und trotz einiger Anlaufschwierigkeiten existiert heute eine Kaffeeindustrie mit guten Entwicklungschancen. Sie untersteht zwar dem Ministerium für Handel und Wirtschaft, ist aber relativ unabhängig. Alle Exporte werden über Privatunternehmen abgewickelt. Die Philippinen gehören übrigens zu den wenigen Erzeugerländern, die alle vier Coffea-Arten anbauen: Robusta, Liberica, Excelsa und Arabica. Mindanao, die zweitgrößte und am südlichsten gelegene Insel der Gruppe, erzeugt Hochland-Arabicas der Spitzenklasse.

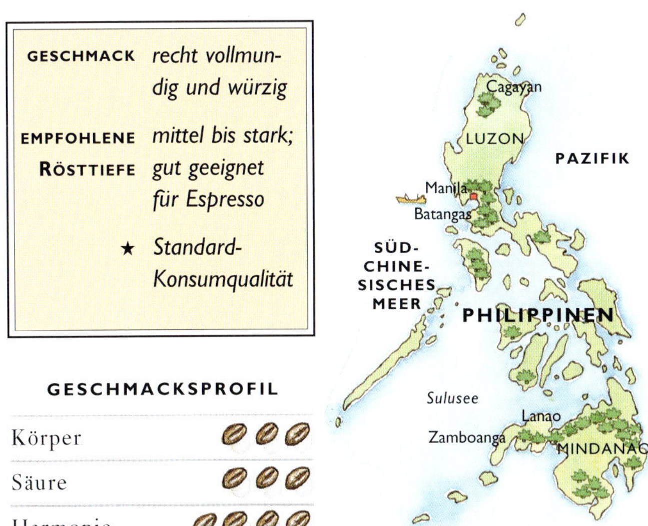

Taiwan

Kein Exportkaffee aus Taiwan

Früher waren rund 300 Hektar der Insel mit Kaffee bepflanzt, doch die gesamte Ernte diente zur Deckung des Eigenbedarfs.

Der große Erfolg von Gourmet-Kaffee innerhalb Taiwans deutet momentan jedoch auf eine langfristige Belebung des Kaffeemarktes in dieser Region hin. Kaffeegeschäfte erfreuen sich in Taiwan seit Beginn der 80er Jahre wachsender Beliebtheit und sind derzeit »in« als exklusive Treffpunkte. Ihr Angebot umfaßt Kaffeespezialitäten aus aller Welt, die bevorzugt nach dem Vakuumprinzip mit dem Cona-Glasballon zubereitet werden.

Pflücken der Kaffeekirschen, Taiwan

VIETNAM

Heute ein bedeutender Kaffeeproduzent – morgen vielleicht einer der größten

Die ersten Arabica-Gewächse brachten französische Missionare nach Vietnam, und zwischen 1865 und 1876 wurden mehr als 400 000 Bäume, zumeist von Java oder Bourbon (Réunion) kommend, rund um Tonkin angepflanzt.

Derzeit ist die Kaffeeproduktion eher bescheiden, verzeichnet jedoch einen deutlichen Aufwärtstrend. Vietnam ist bereits ein wichtiges Ausfuhrland für Tee, und Kaffee könnte bald als nächstes oben auf der Exportliste stehen. Erzeugt werden hauptsächlich Robustas – Tendenz steigend. 96 Prozent dieser Robustas stammen von kleinen Farmen, obwohl es auch einige staatliche Kaffeeplantagen gibt.

Die Erträge liegen bei bis zu 950 kg pro Hektar. Hinter vielen Neupflanzungen stehen japanische Kapitalanleger.

GESCHMACK	*ausgewogen*
EMPFOHLENE RÖSTTIEFE	*mittel bis stark; guter Kaffee zum Mischen*
★	*Standard-Konsumqualität*

GESCHMACKSPROFIL

Körper	2
Säure	3
Harmonie	3

Qualitätskaffee aus Hawaii

Australien und Pazifik

AUSTRALIEN

Eine Kostprobe des australischen Kaffees sollte man sich nicht entgehen lassen.

Es ist überraschend, daß auf dem australischen Kontinent Kaffe angebaut wird. Australischer Kaffee, ausschließlich von Arabica-Bohnen der Bourbon-Varietät, zeichnet sich aber durch eine sehr gute Qualität aus. Er ist weich und mild im Geschmack, nur leicht bitter und ungewöhnlich koffeinarm. Leider werden nur geringe Mengen davon exportiert, da die Produktion aufgrund der hohen Lohnkosten und wegen der intensiven Sonneneinstrahlung begrenzt ist. Es ist viel zu heiß für den Einsatz der kostengünstigeren Pflückmaschinen, so daß der Kaffee von Hand gepflückt werden muß, was die Produktionskosten weiter in die Höhe treibt.

GESCHMACK	*interessant, mit guter Säure*
EMPFOHLENE RÖSTTIEFE	*mittel*
★ ★	*gute Qualität*

GESCHMACKSPROFIL

Körper	2
Säure	4
Harmonie	3

Hawaii

Ist es wirklich, wie häufig behauptet, der wunderbarste Kaffee der Welt?

Die Kona-Bohne ist glänzender und besser proportioniert als jede andere Kaffeebohne. Kaffee aus diesen Bohnen hat einen vollen, fast nussigen Geschmack, in der Regel einen ungewöhnlich kraftvollen Körper und ein feines Aroma. Einige Kaffeetester schmecken sogar Zimt bei diesem von Natur aus sanften und ausgewogenen Kaffee heraus. Auf Kona-Kaffee trifft tatsächlich die Beschreibung »köstlich« zu.

Es handelt sich hierbei um den einzigen Spitzenkaffee, der auf amerikanischem Boden wächst, und dementsprechend sind die Vereinigten Staaten auch die Hauptabnehmer. Von allen Kaffeeproduzenten hat die hawaiische Kaffeeindustrie zwar die strengsten Kontrollen und die höchsten Lohnkosten, aber es wird auch kräftig in sie investiert.

Der Kaffeeanbau erfolgt an den Hängen des Vulkans Mauna Loa im westlichen Kona-Distrikt auf Hawaii, der größten Insel des Archipels im zentralen Nordpazifik. Dieses Gebiet erstreckt sich über eine Länge von etwa 30 Kilometern, wobei sich die Produktion auf den Norden und Süden konzentriert. Die Bäume wurden in dieser unwegsamen Bergregion auf fruchtbaren Vulkanböden kultiviert.

Trotz der Tornados, die hin und wieder die Hawaii-Inseln heimsuchen, herrschen geradezu ideale klimatische Bedingungen für den Kaffeeanbau: das richtige Maß an Regen und Sonne und kein Frost. Hinzu kommt, daß an den meisten Tagen im Jahr so gegen zwei Uhr nachmittags Wolken aufziehen und den Kaffeebäumen angenehmen Schatten spenden. Die Wachstumsbedingungen sind hier tatsächlich so gut, daß Kona weltweit die höchsten Erträge an Arabica-Kaffee verzeichnet, und dies bei gleichbleibend hoher Qualität. Die Kaffeeproduktion in Lateinamerika beträgt im Schnitt 560 bis 900 kg pro Hektar, während sie in Kona bei 2240 kg pro Hektar liegt. Zum Leidwesen der Kaffeeliebhaber stehen jedoch für den Anbau von Kona-Kaffee gerade mal 1400 Hektar zur Verfügung.

Echter Kona-Kaffee ist gar nicht so leicht zu bekommen. Der beste Kona-Kaffee wird als Extra Fancy, Fancy und Number One bezeichnet, es ist aber auch Plantagenkaffee und biologischer Kaffee erhältlich. Ein Großteil des als »Kona« vermarkteten Kaffees enthält weniger als fünf Prozent echten hawaiischen Kona. Eine gute Alternative ist der Hawaii Kona Farms in den USA.

GESCHMACK	*intensives Aroma, absolut köstlich*
EMPFOHLENE RÖSTTIEFE	*hell bis mittel*
★ ★ ★	*Spitzenqualität*

GESCHMACKSPROFIL

Körper	4 Bohnen
Säure	2 Bohnen
Harmonie	4 Bohnen

Kaffeesortiment aus Kona

NEUKALEDONIEN

Kaffee mit einer glorreichen Vergangenheit

Nur zehn Prozent der Bodenfläche dieses französischen Überseeterritoriums können landwirtschaftlich genutzt werden, und bis zum Zusammenbruch der Wirtschaft aufgrund politischer Schwierigkeiten konzentrierte sich der Anbau auf Kaffee und Mais.

Missionare brachten den Kaffee 1860 von der Insel Réunion nach Neukaledonien, doch 1987 wurden nur noch 40 000 Tonnen Kaffee produziert und davon 37 000 Tonnen ausgeführt, der Großteil nach Frankreich. Die ungewöhnlichen Robustas, die auf der Insel erzeugt werden, zeichnen sich durch einen exzellenten, vollmundigen Geschmack aus, der sich aber nur optimal entfaltet, wenn die Bohnen schwach geröstet werden.

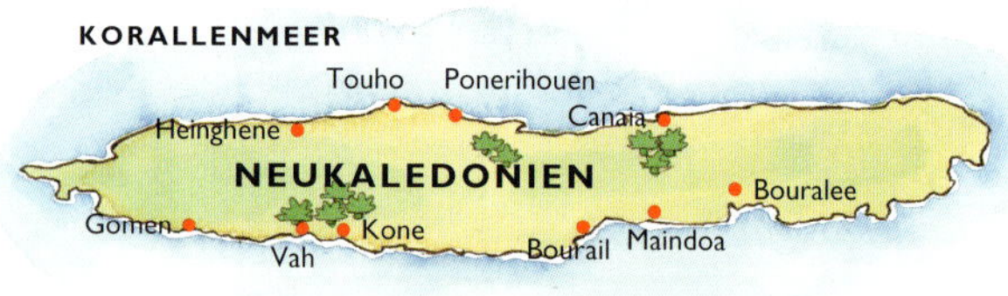

GESCHMACK	*seidig; sehr ausgewogen*
EMPFOHLENE RÖSTTIEFE	*hell bis mittelhell*
★ ★	*gute Qualität*

GESCHMACKSPROFIL

Körper	●●●●
Säure	●●●
Harmonie	●●●●

PAPUA-NEUGUINEA

Der Hintergrund für eine große moderne Kaffeeromanze

Die Kaffee-Ernte stammt zu etwa 75 Prozent von kleinen Eingeborenen-Farmen, viele davon auf Waldlichtungen gelegen. Einige sind so tief in den Wäldern verborgen, daß sie nahezu unzugänglich sind. Produziert wird fast ausschließlich Hochlandkaffee, der in Höhenlagen von 1300 bis 1800 m über dem Meeresspiegel angebaut wird und sich gerade deshalb durch eine hohe Qualität auszeichnet. Im Gegensatz zu den ausgedehnten Hochländern gibt es relativ wenig Tiefland, obwohl in den Niederungen stellenweise Robusta-Kaffee kultiviert wird. Bedingt durch die Probleme und Kosten, die der Transport von Düngemitteln und Pestiziden zu den oft entlegenen Farmen bereitet, wird der Kaffee überwiegend nach der biologischen Wirtschaftsweise angebaut.

Der Kaffee ist ein wichtiger Wirtschaftsfaktor des Landes. Über eine Million Menschen arbeiten direkt oder indirekt in der Kaffeeproduktion. Die Regierung garantiert den Kaffeebauern zu Beginn der Erntesaison einen Mindestabnahmepreis. Doch die Kaffeeindustrie untersteht der Kontrolle des Coffee Industry Board mit Sitz in Goroka im Osten der Insel. Das Exportgeschäft dagegen wickeln Privatunternehmer ab.

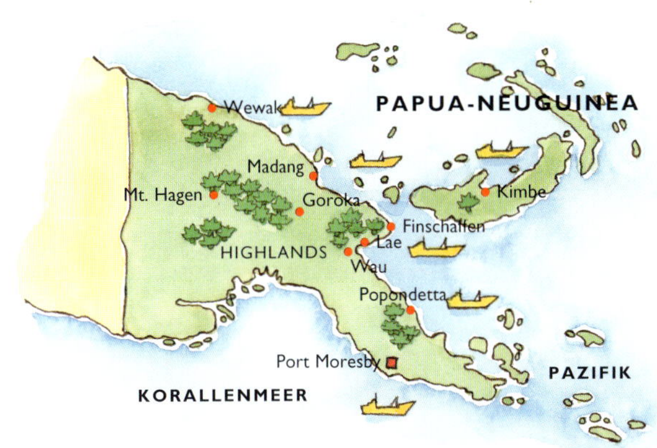

Die Fröste, die 1975 einen Großteil der brasilianischen Kaffee-Ernte vernichteten, verhalfen der Kaffeeproduktion in Papua-Neuguinea zu einem Anstieg. Die Regierung leitete zu diesem Zweck ein Projekt ein, wonach Landbesitzer finanzielle Unterstützung erhielten, wenn sie 20 Hektar große Plantagen anlegten. Diese Maßnahme hatte zur Folge, daß die Wirtschaft des Landes ganz erheblich vom Kaffeeanbau beeinflußt wurde; wie sehr, das läßt sich an der Gesamternte ablesen, die sich 1990 auf eine Million Sack belief.

Bei dieser Überproduktion blieben Qualitätskontrollen zwangsläufig auf der Strecke. Bis 1991 wurde die Standard-Bohne als Handelsklasse Y bezeichnet, doch die Qualität hatte sich inzwischen derart verschlechtert, daß europäische Kunden keine Bohnen mehr kauften. Hinzu kam der allmählich einsetzende Preisverfall bei Bohnen der Handelsklasse Y, wozu das Land mit seiner Forderung nach einem »Einheitspreis für eine Qualität« erheblich beigetragen hatte. Eine solche Geschäftspolitik ist für einen Wirtschaftszweig wie die Kaffeebranche, wo Qualitätsschwankungen häufig vorkommen, völlig unhaltbar. So kam es, daß minderwertige Bohnen den eigentlich hohen Qualitätsstandard der Y-Bohnen verfälschten und die Ernte unverkäuflich wurde.

Zur Lösung des Problems schlug die Regierung vor, neue Qualitätsstandards einzuführen, die Produktion der Handelsklasse Y einzustellen und die Politik des »Einheitspreises für eine Qualität« aufzugeben. Das führte dazu, daß Spitzenpreise für hochwertige Kaffees gezahlt wurden. Im Jahr 1993 hatte sich die Lage weitgehend entspannt, und die meisten der ehemaligen Käufer, so auch Jacob Suchard, gehören mittlerweile wieder zum festen Kundenstamm. Auch Kaffee der Handelsklasse Y verkauft sich heute wieder zu einem leicht erhöhten Preis, was darauf schließen läßt, daß die Qualität verbessert wurde.

GESCHMACK	*kräftig-würzig, gehaltvoller Körper*
EMPFOHLENE RÖSTTIEFE	*mittel bis stark; gut zum Mischen geeignet*
★ ★	*gute Qualität*

GESCHMACKSPROFIL

Körper	4
Säure	2
Harmonie	3

Tahiti

Kaffee aus dem Paradies

In der Regel wird kein Kaffee aus Tahiti, der größten der Gesellschaftsinseln, exportiert. Falls Sie trotzdem einmal die Gelegenheit haben sollten, einen Tahiti Arabica zu probieren, werden Sie feststellen, daß er sehr ausgewogen im Geschmack ist und einen ganz eigenen Charakter hat.

GESCHMACK	*harmonisch; pikante Säure; ausgewogen*
EMPFOHLENE RÖSTTIEFE	*mittel*
★ ★	*gute Qualität*

GESCHMACKSPROFIL

Körper	3
Säure	2
Harmonie	4

Adressen

Dallmayr Kaffee oHG
Aschauer Str. 18
81549 München
Tel.: 089–68 00 030

Deutscher Kaffee-Verband e.V.
Pickhuben 3
20457 Hamburg
Tel.: 040–36 62 56

Eduscho GmbH & Co. KG
Lloydstr. 4
28217 Bremen
Tel.: 0421–38 930

Röstfein Kaffee Magdeburg
Hafenstr. 9
39106 Magdeburg
Tel.: 0391–56 83 10

Schirmer Kaffee GmbH
Kaffeegroßrösterei
Feldstr. 27
44141 Dortmund
Tel.: 0231–55 71 880

Tchibo
Überseering 18
22297 Hamburg
Tel.: 040–63 870

Vollmer Kaffee GmbH
Lise-Meitner-Str. 3
48161 Münster
Tel.: 02534–90 91

Rost AG, Kaffee-Grossrösterei
Frieslirain 3a
6210 Sursee
Schweiz
Tel.: 0041 041–9256060

Register

Bildnachweis

Bramah Tea and Coffee Museum: S. 9, 49, 53, 54, 57, 58, 60, 61, 167; BFI Stills, Posters and Designs: S. 153; Coffee & Cocoa International: S. 106, 165; Gregory K. Clark Photographics: S. 44, 68, 77, 90, 95, 99, 148, 171; The International Coffee Organization: S. 7, 18, 20, 21, 22, 23, 24, 25, 27, 28, 30, 31, 32 (oben u. unten), 34, 41, 79, 101, 110, 119, 125, 128, 129, 132, 176, 177; The Mansell Collection: S. 6, 10, 17, 140; Retrograph Archive Ltd: © S. 1, 12, 69, 81, 86, 130

Der Verlag dankt ebenfalls den folgenden Organisationen, die zur Entstehung dieses Buches beigetragen haben:
Algerian Coffee Stores Ltd, Bramah Tea and Coffee Museum, The Edmonds Group (Kaffee- und Teehändler), Fairfax Engineering Limited, H. R. Higgins Ltd und Lavazza Coffee (UK) Limited